바람
찬 공기와 더운 공기가 이동하는 현상이에요.
파도를 일으키는 원인이 되지요.

너울
육지에서 멀리 떨어진 바다인 '난바다'에서
넘실거리며 오는 파도예요.

갯벌
만조에는 물에 잠기고
간조에는 물이 빠져나가 드러나는,
질퍽거리는 평평한 땅이에요.

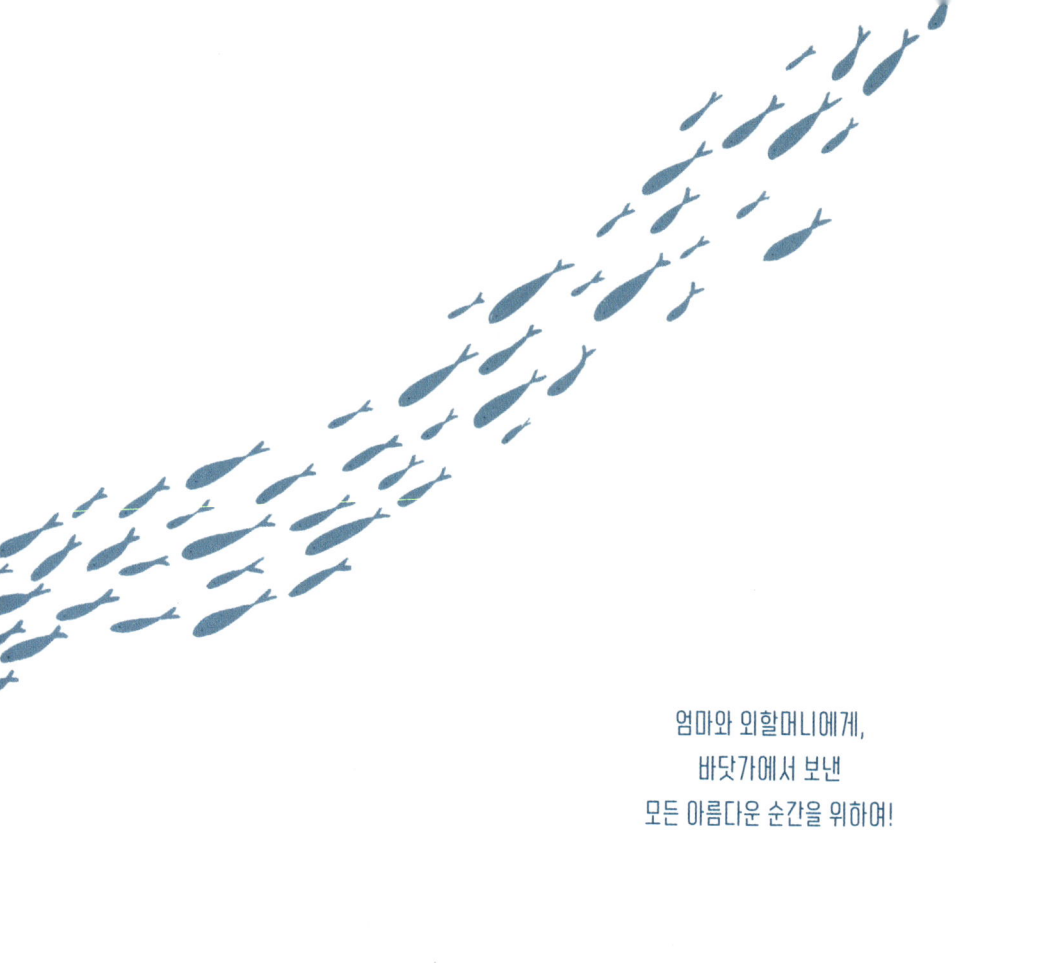

엄마와 외할머니에게,
바닷가에서 보낸
모든 아름다운 순간을 위하여!

Le Super week-end de l'océan, by Gaëlle Alméras
Copyright © 2022, Editions Maison Georges
All rights reserved.
Korean translation copyright © 2023, Hanbit Media Inc.
This edition was published by arrangement with The Picture Book Agency, France and Amo Agency.
All rights reserved.

이 책의 한국어판 저작권은 AMO 에이전시를 통해 저작권자와 독점 계약한 한빛미디어㈜에 있습니다.
저작권법에 의해 한국 내에서 보호를 받는 저작물이므로 무단 전재와 무단 복제를 금합니다.

만화로 보는 바다의 모든 것

바다에서 보낸
어느 멋진 주말

가엘 알메라스 글·그림　이정주 옮김

한빛에듀

경이로운 여행…

바다의 풍요로움과 다양함을 설명하기에는 책 한 권으로 불가능해요.
그렇지만 바다가 감추고 있는 신비의 베일 한 귀퉁이를 들어 올린 뒤 상상해 보고,
생태계의 보고를 엿보는 것은 가능해요.

지금부터 가엘 알메라스 선생님이 재미나고 사랑스러운 주인공들을 통해
바닷가에서부터 심해까지 안내해 줄 거예요.
세상에서 가장 큰 정원을 발견하고 탐험하는, 경이로운 여행이 될 거예요!

무엇보다 과학 탐사는 인간이 할 수 있는 참 아름다운 모험이에요.
그 모험의 일부에 여러분을 초대합니다.
오리너구리, 가시두더지, 비버, 쥐와 함께 바닷물에 발을 담가 보세요.

바다는 지구의 가장 소중한 재산이에요.
강하지만 연약한 바다를 보존하고 보호하는 일은 우리 모두 함께할 수 있어요!

- 마르졸렌 마타보(프랑스 국립해양개발연구소의 해양생태학자)

바다로 여행을 떠나요

1장 바다를 소개합니다

세계의 바다

바다는 지구 전체 면적의 약 71%를 차지하고 있어요. 세계의 바다 중 특히 넓은 면적을 차지하는 바다를 '대양'이라고 하지요. 대양은 태평양, 대서양, 인도양, 북극해, 남극해로 나뉘고, 이 다섯 개의 대양을 함께 묶어 '오대양'이라 불러요.

북극해

북극에 위치해요. 오대양 중에서 가장 작고, 대부분 얼음으로 뒤덮여 있어요.

태평양

오대양 중에서 면적이 가장 넓고 수심도 가장 깊어요. 그리고 가장 긴 해저 산맥이 있지요.

바다 동물은 오대양을 마음껏 돌아다닐 수 있겠다.

태평양은 지구 면적의 거의 절반이네.

우리 집이 있는 오스트레일리아는 태평양에 닿아 있어!

대서양
프랑스 서쪽에 있고, 대서양을 건너면 아메리카 대륙이 나와요.

인도양
아프리카, 인도, 오스트레일리아 사이에 있어요.

남극해
남극을 둘러싸고 있어요. 다른 대양과 다르게 육지로 둘러싸여 있지 않아서 경계를 정확하게 정하기 어려웠어요. 그래서 남극해의 경계는 2000년이 되어서야 정해졌어요.

그렇지만 사람들은 태평양 깊숙한 곳보다 달 표면에 대해 더 잘 안대!

오대양은 어떻게 생겨났을까?

바다는 38억 년 전에 엄청난 비가 내리고 지구가 물로 뒤덮이면서 생겨났어요.

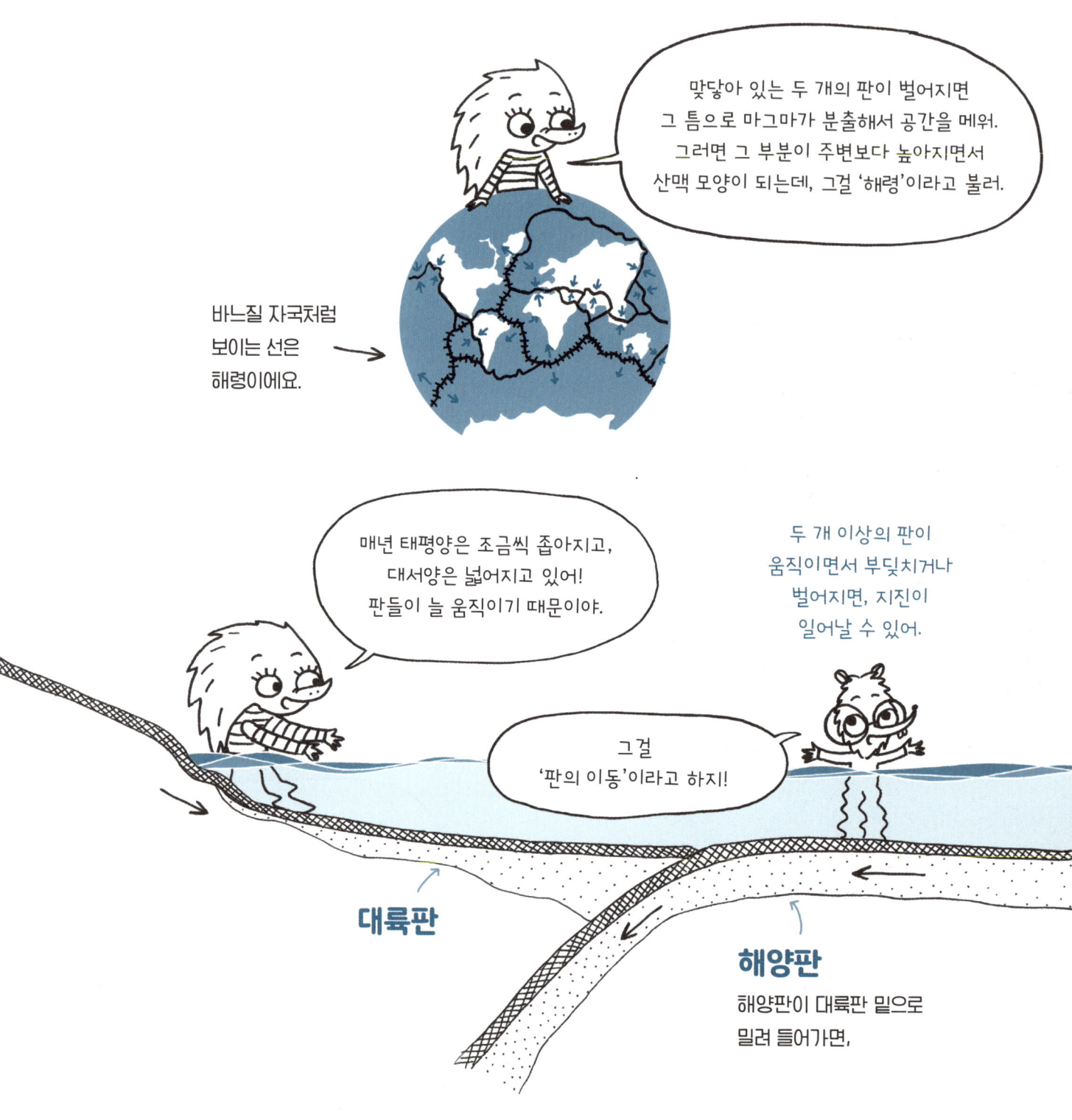

처음 지구의 모습은 지금과 달랐어.

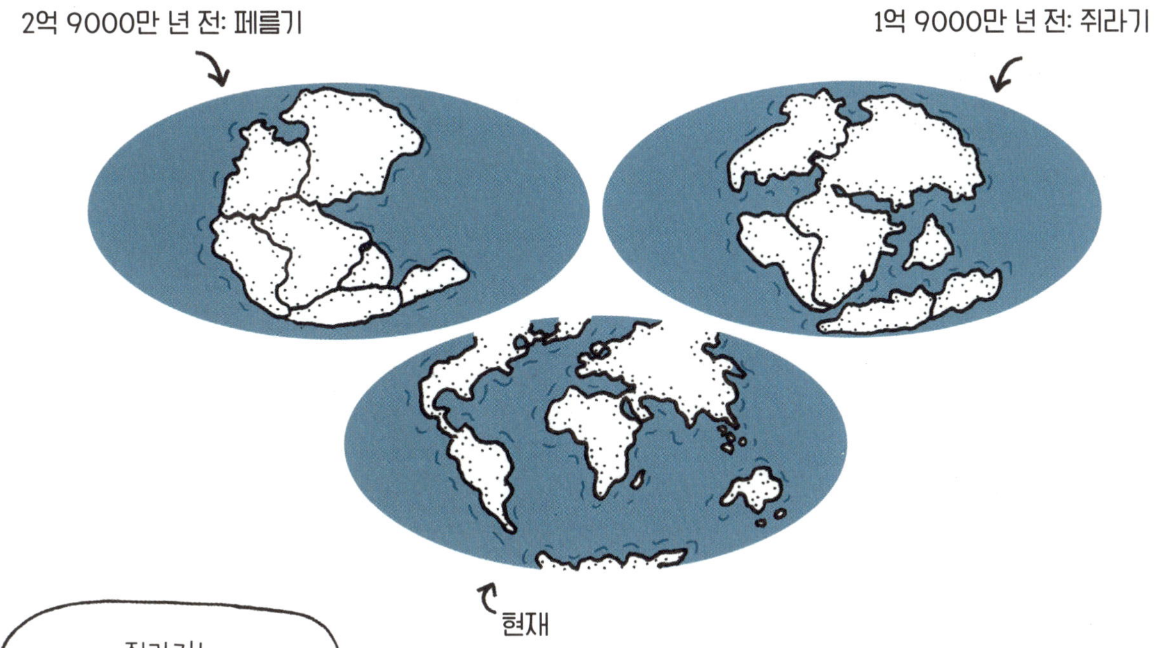

2억 9000만 년 전: 페름기　　　　　　　　1억 9000만 년 전: 쥐라기

현재

쥐라기! 공룡이 살았던 시기잖아!

컨베이어 벨트 같아.

판이 서서히 벌어져요.

그 틈으로 마그마가 흘러나와서 해령을 만들어요.
해령의 길이는 64,000킬로미터나 돼요.

2장 생명의 시작, 바다

플랑크톤은 해류를 따라 떠다니는 동물 플랑크톤과 식물 플랑크톤을 통틀어서 말해요. 가끔 아주 빠르게 자라서 색깔을 띤 거대한 구름처럼 바다에 확 퍼지는데, 이것을 '녹조 현상' 혹은 '적조 현상'이라고 해요.

플랑크톤은 두 종류야!

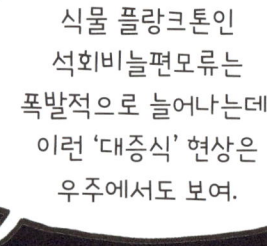

식물 플랑크톤인 석회비늘편모류는 폭발적으로 늘어나는데, 이런 '대증식' 현상은 우주에서도 보여.

식물 플랑크톤

맨눈으로는 볼 수 없고, 현미경으로만 보이는 아주 작은 생물이에요.

식물 플랑크톤은 이산화 탄소와 물을 흡수하고 산소를 내뿜어요. 나무처럼 광합성을 하는 거예요.

동물 플랑크톤
아주 제한적으로 움직이는 동물과 유충이에요.

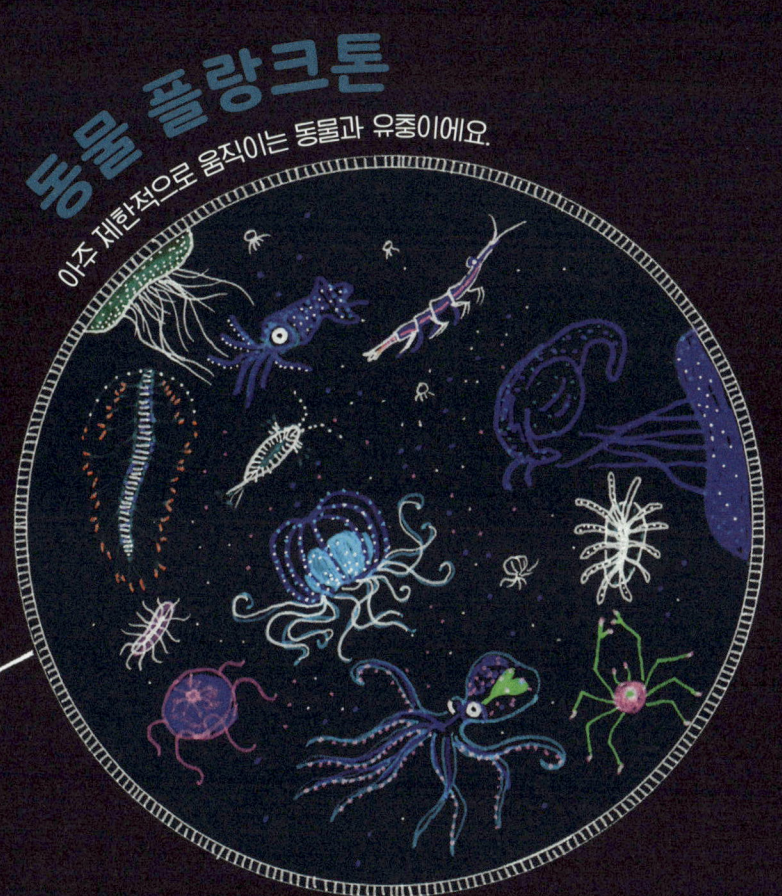

동물 플랑크톤은 식물 플랑크톤과 달리 길이가 1미터나 되는 것도 있어요.

밤이 되면 몸에서 빛이 나는 플랑크톤도 있어!

식물플랑크톤은 대부분 현미경으로 봐야 할 정도로 엄청나게 작지만, 지구 환경을 지키는 데 꼭 필요한 생명체야.

지구가 맨 처음 만들어졌을 때는 플랑크톤밖에 없었어.
그러니까 청록색 생물과 박테리아밖에 없었지.

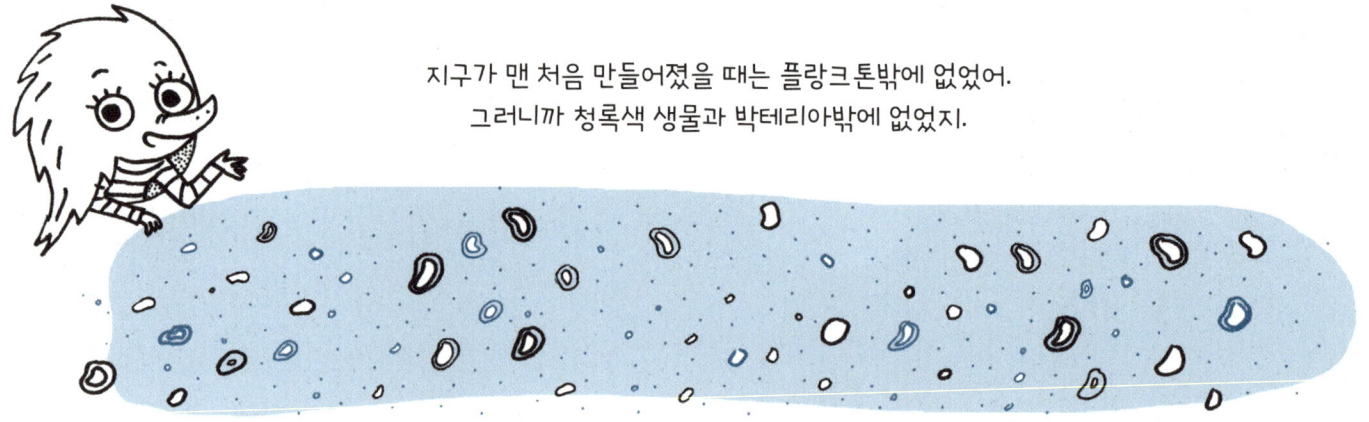

수십억 년 동안 플랑크톤은 진화했어. 5억 년 전에 '캄브리아기 대폭발'이라고 하는
'생물의 빅뱅'이 일어났거든! 다시 말해 딱딱한 몸을 가진 다양한 동물들이 나타난 거야.

어류, 양서류, 공룡, 포유류, 조류가 나타났지.
육지 동물처럼 바다 동물도 계속 진화해서 아주 다양한 모습을 갖게 되었어!

물론 육지에서 진화한 뒤에 바다로 다시 돌아간 동물도 있어. 돌고래와 같은 해양 포유류가 그렇지.
그래서 돌고래는 숨을 쉬기 위해 물 밖으로 나오는 거야.

3장 돌고 도는 물의 순환

지구에 있는 물은 액체, 고체, 기체, 이렇게 세 가지 형태로 자연에서 끊임없이 순환해요.

응결
수증기가 위로 올라가서 차가운 공기를 만나면 작은 물방울로 변해요. 그 물방울들이 모여서 구름이 돼요.

증발
태양열을 받으면 바다 혹은 육지 표면에 있는 물이 데워지면서 수증기로 변해요.

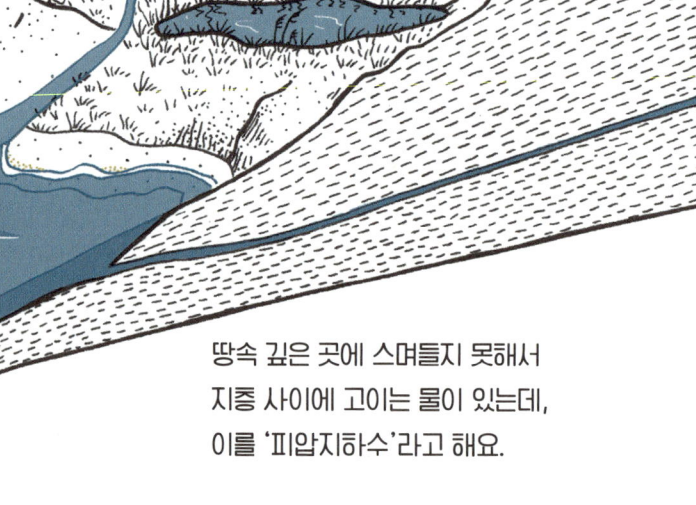

땅속 깊은 곳에 스며들지 못해서 지층 사이에 고이는 물이 있는데, 이를 '피압지하수'라고 해요.

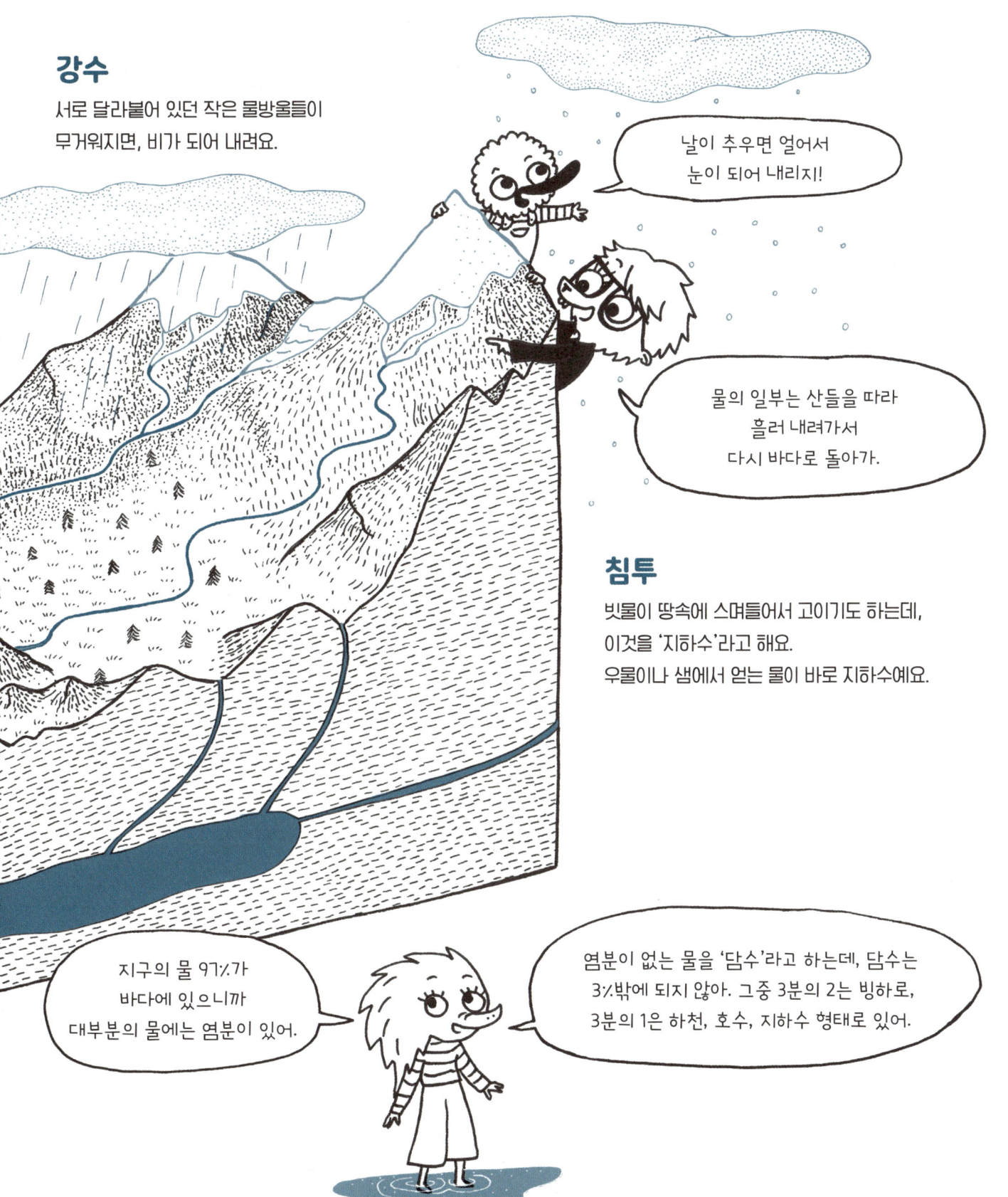

용승은 모든 바다에서 볼 수 있는 현상이에요. 바람 때문에 생기거든요.

바람이 분다는 것은 공기가 이동한다는 거야. 뜨거운 공기는 위로 올라가고 차가운 공기는 아래로 내려가는 성질이 있거든.

바닷가에서 낮에는 육지가 바다보다 금방 뜨거워져.

아아악!

육지의 뜨거워진 공기가 위로 올라가면 빈 공간이 생겨. 그 빈 공간을 바다 쪽에서 이동한 공기가 채워.

그래서 바다에서 육지 쪽으로 바람이 부는 거야.

이걸 '해풍'이라고 부르지!

용승이 생기는 원인으로는 바람 외에도 지리적인 위치나 해저 지형 등 아주 다양해요.

표층수

심층수

멕시코 만류는 추운 곳은 따뜻하게, 더운 곳은 시원하게 해 줘!

꼭 에어컨 같지!

5장 기후 변화

지구의 기후는 지구가 처음 생겼을 때부터 주기적으로 반복되었어요.

기후 변화는 지구와 태양의 위치에 따라 생기는 자연적인 현상이지요. 태양열을 지구에 머물게 만드는 것은 온실가스 때문이에요. 대표적인 온실가스 종류에는 세 가지가 있어요.

온실가스는 태양열의 일부를 대기권으로 빠져나가지 못하게 해서, 지구의 평균 기온을 15도로 따뜻하게 유지시키는 중요한 역할을 해요.

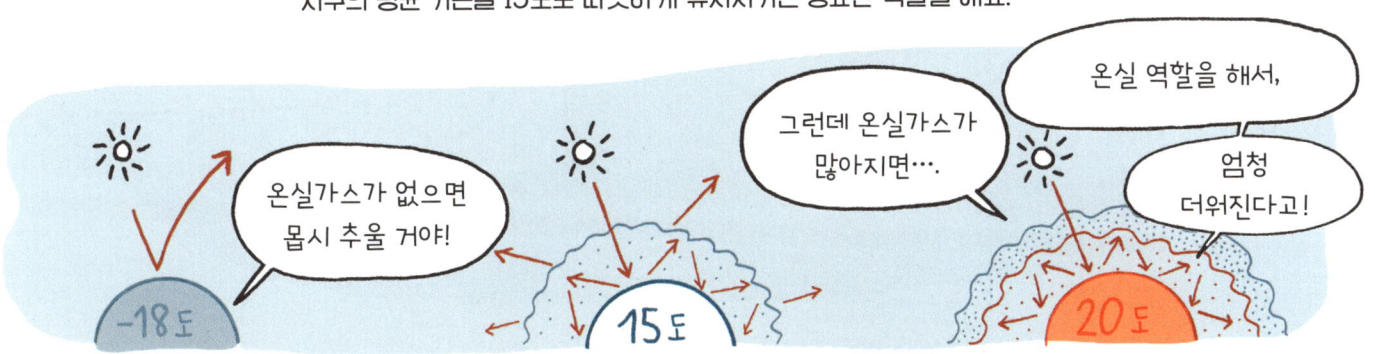

그런데 인간이 수년째 이산화 탄소와 메탄을 점점 더 많이 배출해서 온실 효과가 강해지고 있어요.

다행히 바다에 사는 식물 플랑크톤과 숲에서 온실가스의 일부를 흡수하고 산소를 생산해 주긴 해요.

그래도 여전히 공기 중에 이산화 탄소와 메탄이 너무 많아서 지구 기온이 점점 오르고 있지요.

오늘날 바다에 이산화 탄소가 너무 많아서 물이 식초처럼 산성화되고 있어요.
그러면 바다에서 산소가 아니라 이산화 탄소를 내뿜을 수 있어요.

해파리

바다에서 수영할 때 눈에 잘 띄지 않는 투명한 해파리도 있으니까 조심해야 해요.
자칫 쏘이면 벌겋게 부어오르고 아프거든요. 극히 일부이긴 하지만,
맹독을 가진 해파리도 있어요.

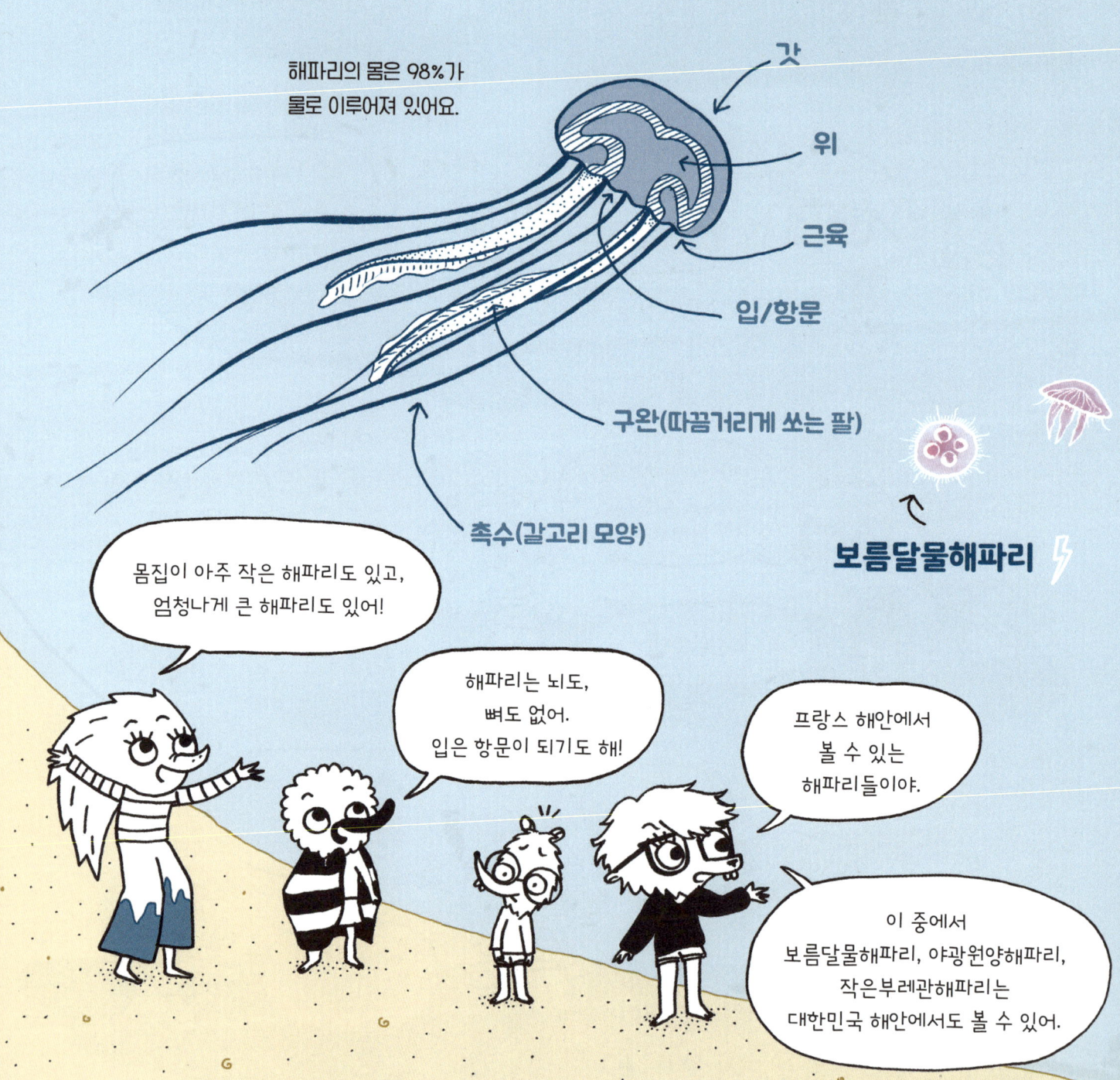

6장 해일과 파도는 왜 생길까요?

나는 해파리가 마음에 들어!

그럴 거야. 해파리도 너만큼이나 독특하거든.

얘들아, 잘 자!

하하. 쥐야, 너도 잘 자!

오리너구리와 가시두더지의 섬

파도, 바람과 너울

파도는 해일과 다르게 바람이 불어서 생겨.
파도를 보면 바닷물이 앞으로 나아가는 것 같지만,
사실 물결이 퍼져 나가서 그렇게 보이는 거야.

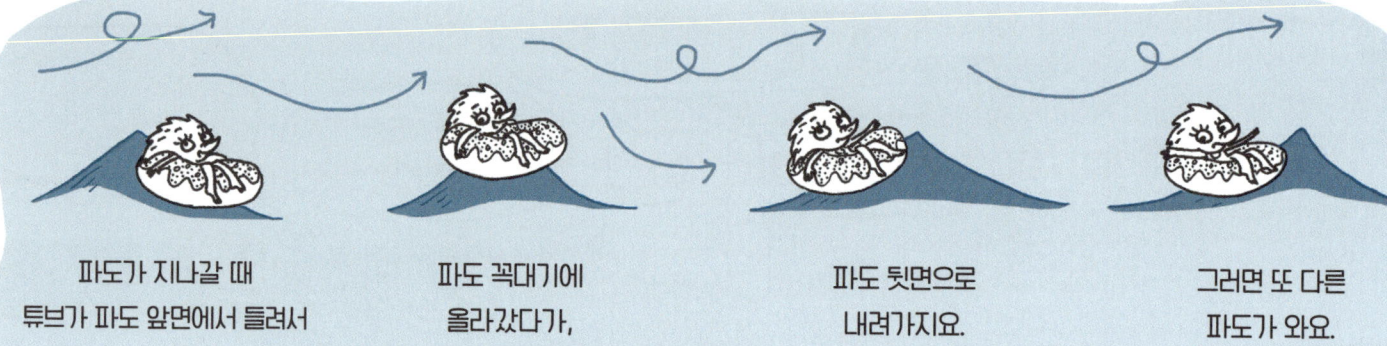

파도가 지나갈 때 튜브가 파도 앞면에서 들려서

파도 꼭대기에 올라갔다가,

파도 뒷면으로 내려가지요.

그러면 또 다른 파도가 와요.

진짜 앞으로는 안 가네!

내가 도와줄게!

파도는 오로지 해수면에서 일어나요.

파도가 규칙적으로 움직이는 물결을 '너울'이라고 해요.

7장 해수면이 오르락내리락, 조석

만조에는 해수면이 높아지고 간조에는 해수면이 다시 낮아져.
이런 현상은 세계 모든 바다에서 볼 수 있는데, 하루에 두 번씩 볼 수 있지.

1. 달의 인력

조석 현상은 부분적으로 달이 지구를 끌어당기는 힘, 인력 때문에 생겨요.

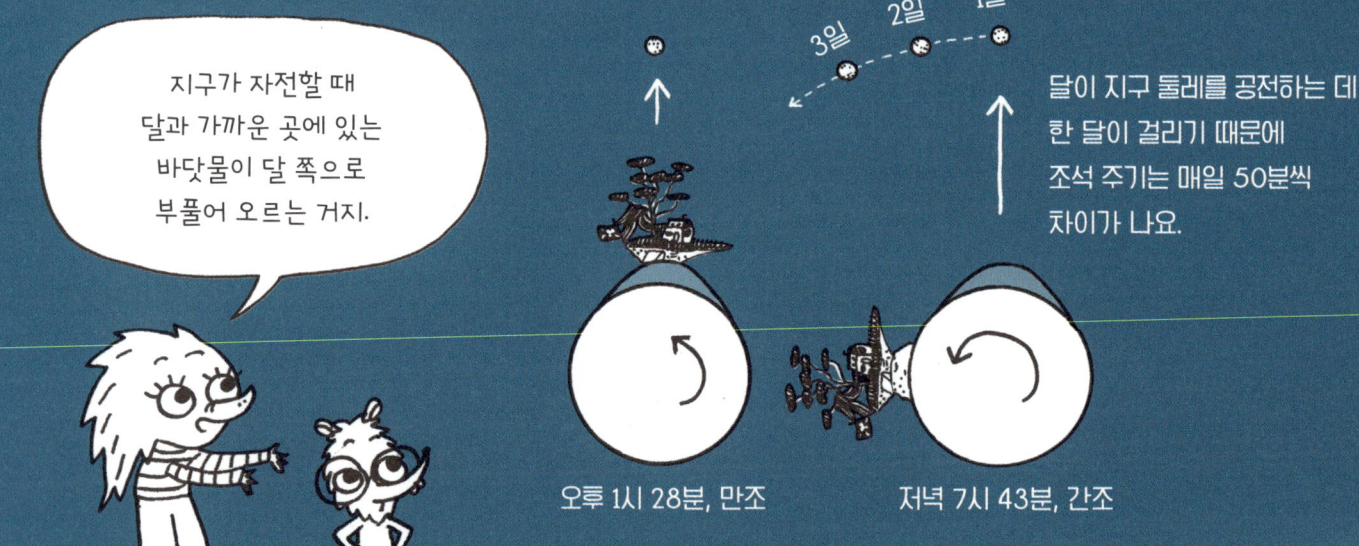

그런데 왜 하루에 두 번씩 조석 현상이 일어나?

2. 원심력

저 신발처럼 물체가 원운동을 할 때 회전 중심에서 멀어지려는 힘인 원심력 때문에 하루에 두 번씩 조석 현상이 일어나.

지금 뭐 해?

네 질문의 답!

내 신발이야!

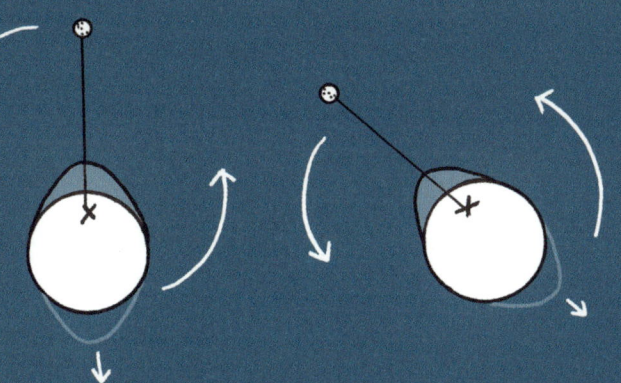

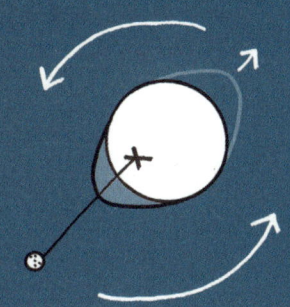

지구와 달이 공전할 때 기준이 되는 중심이 있는데, 이것을 '공통질량중심'이라고 해요.
그리고 이때 바닷물이 중심에서 멀어져요.
오리너구리가 돌리는 신발처럼요.

달 쪽 바닷물이 달의 인력 때문에 부풀어 오를 때, 반대편 바닷물도 원심력 때문에 부풀어 오르는 거지!

3. 태양

지구, 달, 태양이 한 줄에 나란히 있을 때가 바닷물이 가장 많이 들어왔다가 빠지는 날이에요. 이때 바닷물의 속도가 가장 빨라요.

해조류는 대개 바닷속에서 살아. 세포 하나로 이루어진 단세포 조류랑 여러 개의 세포로 이루어진 다세포 조류로 나눌 수 있어.

단세포 조류

앞서 살펴보았던 식물 플랑크톤의 한 종류예요.

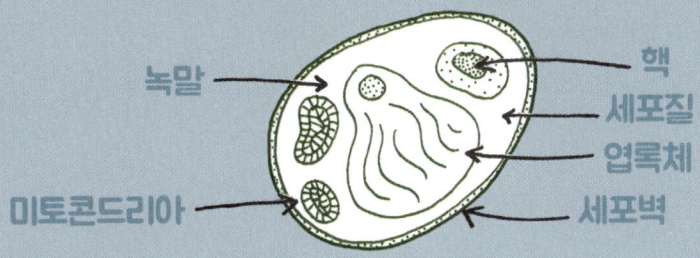

다세포 조류

우리 주변에서 흔히 볼 수 있고, 해안 바위나 바닷속에서 살아요.

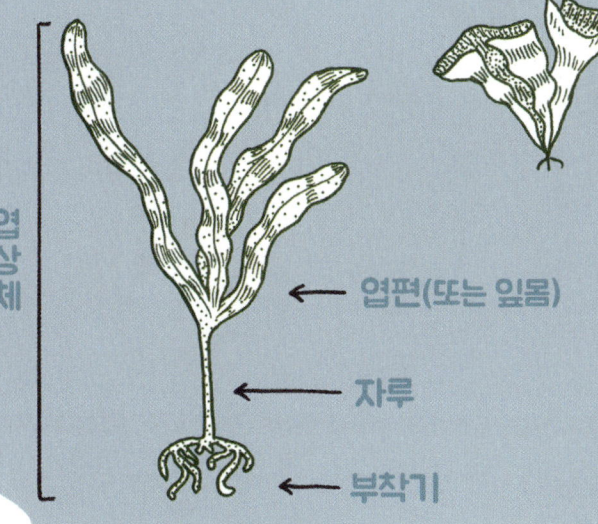

다세포 조류는 종류가 다양해. 모두 부착기와 자루를 가지고 있고, 하나 또는 여러 개의 엽편을 가지고 있다는 것이 특징이야.

해조류는 자라는 바다의 깊이와 빛깔에 따라
녹조류, 갈조류, 홍조류 이렇게 세 종류로 나눌 수 있어.

해조류가 무척 많네!

해조류는 세계의 바다 어디서나 볼 수 있는데,

해조류들이 바닷속에서 빽빽이 모여 자라 이루어진 숲을 '다시마숲'이라고 해.

해조류의 빛깔은 햇빛을 받는 양에 따라 달라져요.
대개 수심 0~5미터 사이에서는 녹조류,
5~25미터 사이에서는 갈조류,
25~100미터 사이에서는 홍조류가 자라요.
햇빛이 닿지 않는 깊은 바닷속에서는 해조류가 자라지 못해요.

해조류는 광합성을 해야 해서
햇빛을 받아야 해요.
그래서 햇빛에 가까이 가려고 공기 주머니를
많이 가지고 있는 해조류도 있어요.

갈조류인 **블래더랙** 처럼 말이에요.

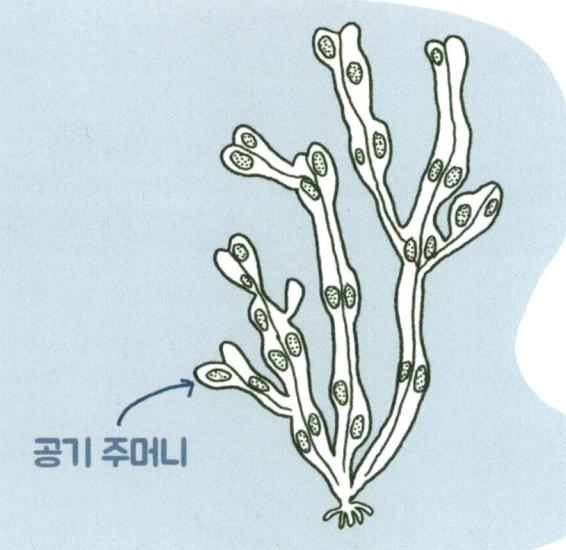

공기 주머니

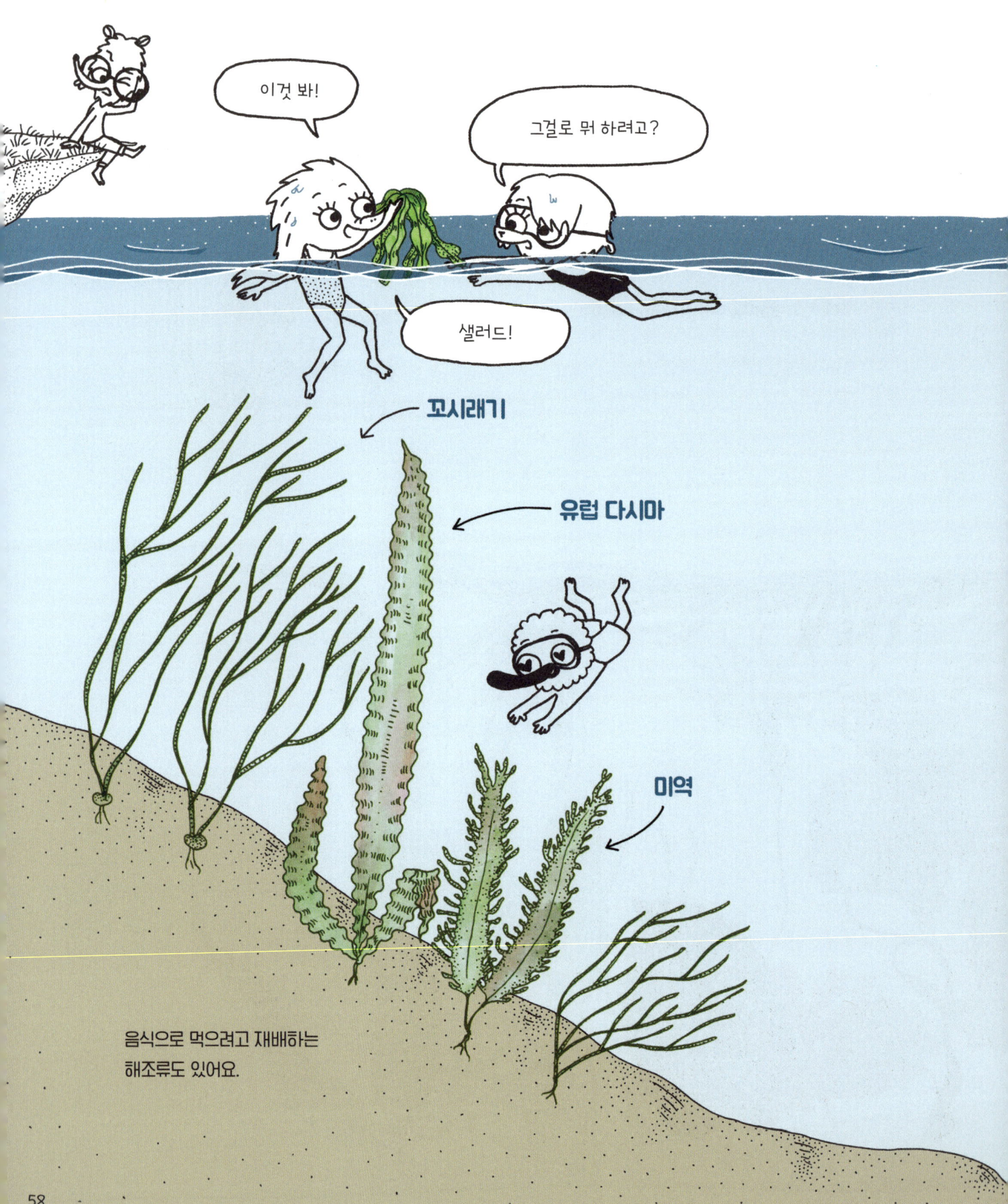

9장 갯벌에는 어떤 동물들이 살까요?

갯벌은 퇴적물의 종류에 따라 주로 펄로 이루어진 펄 갯벌과 모래로 이루어진 모래 갯벌, 둘이 섞인 혼합 갯벌로 나눌 수 있어요. 그중 모래 갯벌의 모습을 살펴보아요.

말미잘
다른 동물이나 암석에 달라붙어 살아요. 몸 안에 있는 물이 빠져나가지 않도록 스스로 몸을 닫을 수 있어요.

삿갓조개
삿갓처럼 생긴 조개껍데기를 등에 얹고 먹이를 찾아 기어다니다가도 늘 제자리로 돌아오는 습관이 있어요.

굴
몸속에 모래알이 들어오면 자신을 보호하기 위해서 모래알 위에 분비물을 내보내서 층을 쌓아요.

그렇게 계속 층이 쌓이면 진주가 돼요. 물론 굴에서 진주를 보는 건 쉬운 일이 아니지요.

성게

'관족'이라는 부드러운 여러 개의 발로 기어다녀요. 뾰족한 가시를 한꺼번에 움직여서 수영할 수도 있어요.

성게 표면은 단단한 석회질 조각인 '골판'으로 뒤덮여 있어요.

석회관갯지렁이
대롱처럼 생긴 석회질 관에서 사는 지렁이예요.

소라게

소라게는 딱딱한 껍데기가 없어요. 그래서 연약한 배를 보호하기 위해 비어 있는 소라나 고둥의 껍데기, 바닷가에 버려진 플라스틱 병뚜껑에서도 살아요.

바닷가재
100살까지 살 수 있다고 해요.

해면동물
암석에 달라붙어서 사는 생물이에요.

홍합
암석에 달라붙어 무리 지어 사는 이매패류 조개예요.

입수관
출수관

족사
배발
기어다닐 때 사용해요.
주변 물체에 달라붙는 데 사용해요.

농게
한쪽 집게발이 다른 쪽보다 훨씬 커요.

갯강구

몸집이 아주 작은 갑각류예요. '바다의 바퀴벌레'라고도 불리지요.

따개비
해안가 암석이나 고래, 거북과 같은 바다 동물의 몸에 다닥다닥 붙어 살아요.

바닷물이 빠져나간 갯벌

갯벌은 간조 때 드러나는 질퍽질퍽한 모래 점토질의 평평한 땅이에요.
이곳에 사는 동물과 식물은 염분을 좋아하고, 물속에서도 잘 견디고,
몇 시간 동안 햇빛과 바람을 쐬어도 문제없어요.

조개

조개는 한 짝 혹은 두 짝의 조개껍데기 속에 사는
연체동물인데, 복족류와 이매패류로 나눌 수 있어요.

복족류

달팽이처럼 생겼어요.

복족류는 끈적끈적한 점액을 분비하는데,
그 점액 덕분에 암석에 달라붙을 수 있어요.
또 점액은 조개껍데기 안에 있는 수분이
빠져나가지 못하게 막아 줘요.

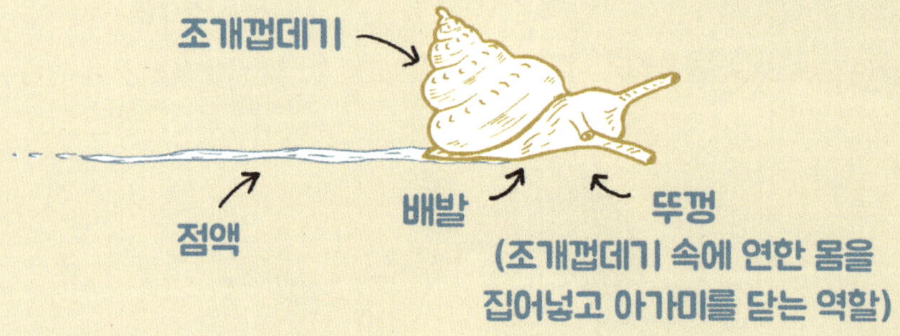

조개껍데기

점액   배발   뚜껑
(조개껍데기 속에 연한 몸을
집어넣고 아가미를 닫는 역할)

모래

자연히 잘게 부스러진 자갈, 조개, 산호조, 성게 골판의 부스러기예요.

재갈매기
갈매깃과에 속한 새예요.

붉은부리갈매기
겨울에는 머리가 흰색으로 변해요.

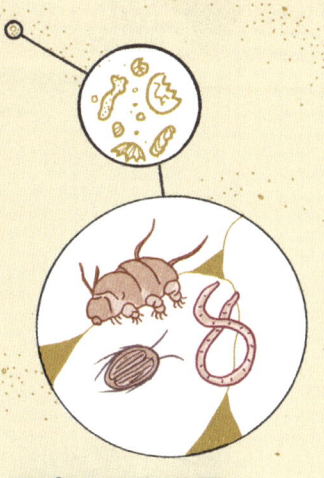

중형저서생물
크기가 0.1밀리미터보다는 크고, 1밀리미터보다는 작은 생물이에요. 모래알 사이나 깊은 바닷속 밑바닥에 살아요.

가리비
이매패류 연체동물인 가리비는 다른 조개와 달리 눈이 200개나 달려 있어요. 조개껍데기 가장자리에 달린 파란색 점들이 모두 눈이에요.

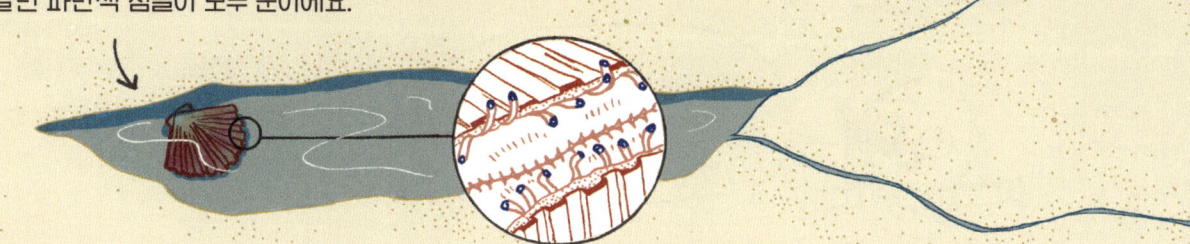

경단고둥
모래 위에 지나간 자리를 남겨요.

모래 속 동물
어떤 동물은 썰물 때 모래 속으로 파고 들어가기도 해요.

- **맛조개**
- **대합**
- **새조개**
- **갯지렁이**: 모래 속으로 파고 들어가 모래를 먹고 똬리 모양으로 배설해요.
- **옆새우**: 아주 작은 갑각류예요.

새우
게처럼 집게발이 있는데, 굉장히 작아요.

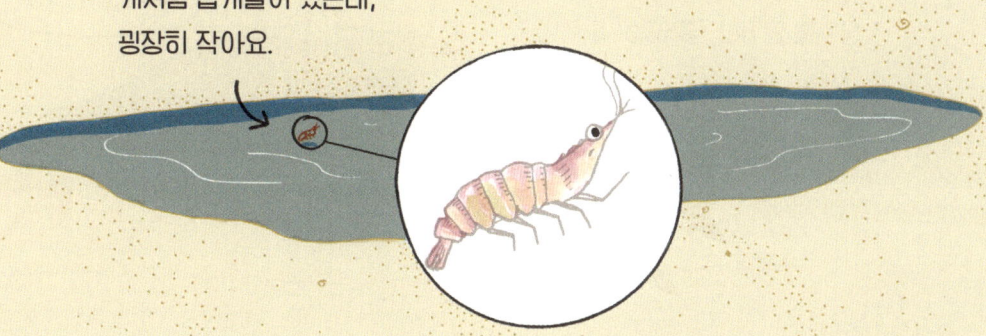

이매패류

두 짝의 조개껍데기를 가지고 있는데, 간조가 되면 닫아 버려.

조개껍데기 안에 바닷물을 가둬서 수분이 빠져나가지 못하게 막는 거야!

이매패류는 '수관'으로 숨을 쉬어요.

물을 빨아들이는 '입수관'

물을 내뱉는 '출수관'

그리고 갑각류

갑각류의 종류는 정말 다양해! 가장 유명한 것은 게야.

대부분의 갑각류가 그런 것처럼, 게는 걸면이 딱딱한 **외골격**이에요. **게딱지**라고도 하지요.

게는 마치 새 옷을 갈아입듯이 성장할 때마다 딱딱한 허물을 벗는 '탈피'를 해요. 이 시기에는 새 껍질이 생길 때까지 기다려야 하는데, 물렁물렁한 맨몸 상태라서 상처를 입거나 공격당하기 쉬워요.

게는 집게발이 있네!

새우, 바닷가재, 민물가재도 갑각류예요.

요 작은 새우 먹을 거야?

날것으로는 말고.

익혀 먹자!

그래, 먹으러 가자.

내가 듣고 싶었던 말이야!

난 해조류만 먹을래.

아, 맞다! 넌 초식하지.

쥐야, 밥 먹으러 가자!

근데 해조류는 익혀서 먹어?

그럼, 그럼!

시간 오래 걸리는 건 아니지?

10장 무시무시한 바다의 포식자

비버야, 쥐야, 너희 정말 안 먹을 거야?

정말 맛있는데!

어, 괜찮아.

난 쿠키 먹을래.

냠냠!

바다에서 가장 위험한 포식자가 누군지 알아?

그물이지.

상어 아니야?

아니야. 그런데 상어는 위험하다는 꼬리표가 따라다녀.

등지느러미가 있어서 몸의 균형을 잡고 앞으로 똑바로 나아갈 수 있어요.

꼬리지느러미를 좌우로 흔들면 아주 빠르게 갈 수 있고요.

상어는 숨을 쉴 때 물을 들이마시는데, 이때 산소만 흡수하고 나머지 물은 아가미를 통해 내보내.

흑기흉상어

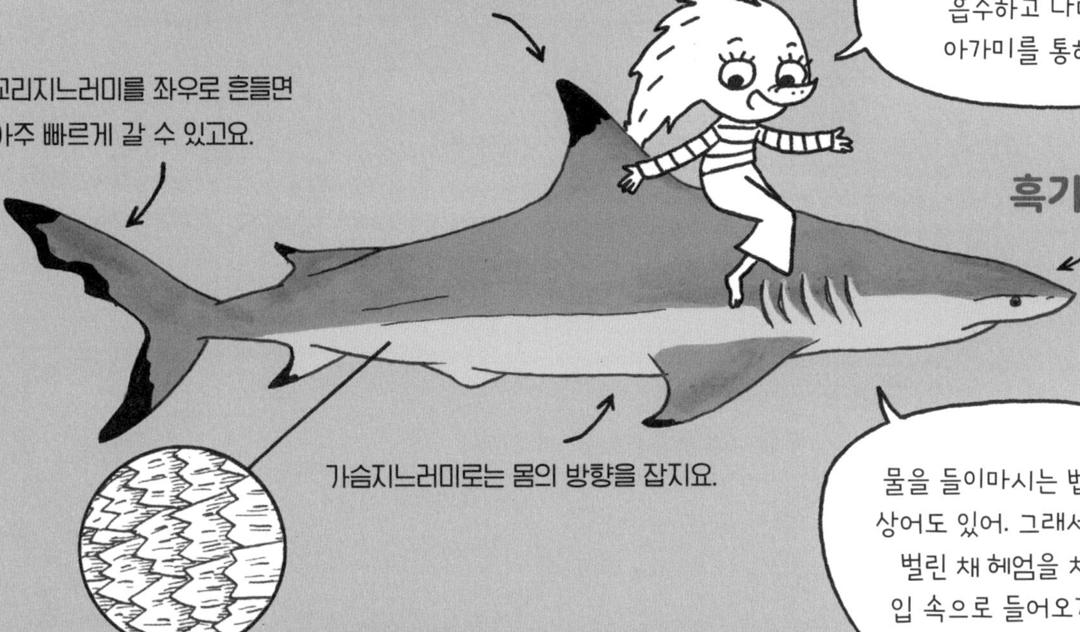

가슴지느러미로는 몸의 방향을 잡지요.

상어는 홈이 팬 듯이 아주 작은 '방패 비늘'로 뒤덮여 있어요. 방패 비늘 덕분에 움직일 때도 소리가 나지 않는 거예요.

물을 들이마시는 법을 모르는 상어도 있어. 그래서 계속 입을 벌린 채 헤엄을 치지. 물이 입 속으로 들어오게 말이야!

홍살귀상어

홍살귀상어의 주둥이에는 아주 뛰어난 탐지 기능이 있어요.

넓적한 머리 양 끝에 눈이 있어서 그런지 앞을 보려고 머리를 좌우로 흔들고 있어.

홍살귀상어는 코와 머리 앞부분에 '로렌치니 기관'이라는 특별한 감각 기관이 있어요. 그래서 수온의 변화뿐 아니라, 숨어 있는 물고기의 미세한 전류까지 알아차릴 수 있어요.

지구는 대기(또 다른 말로 '공기')로 둘러싸여 있어요.
대기에는 질소 78%, 산소 21%와 그 밖의 기체가 있는데,
이 공기의 무게 때문에 압력이 생기는 거예요.
이걸 **기압**이라고 하지요.
물도 압력이 있어요.

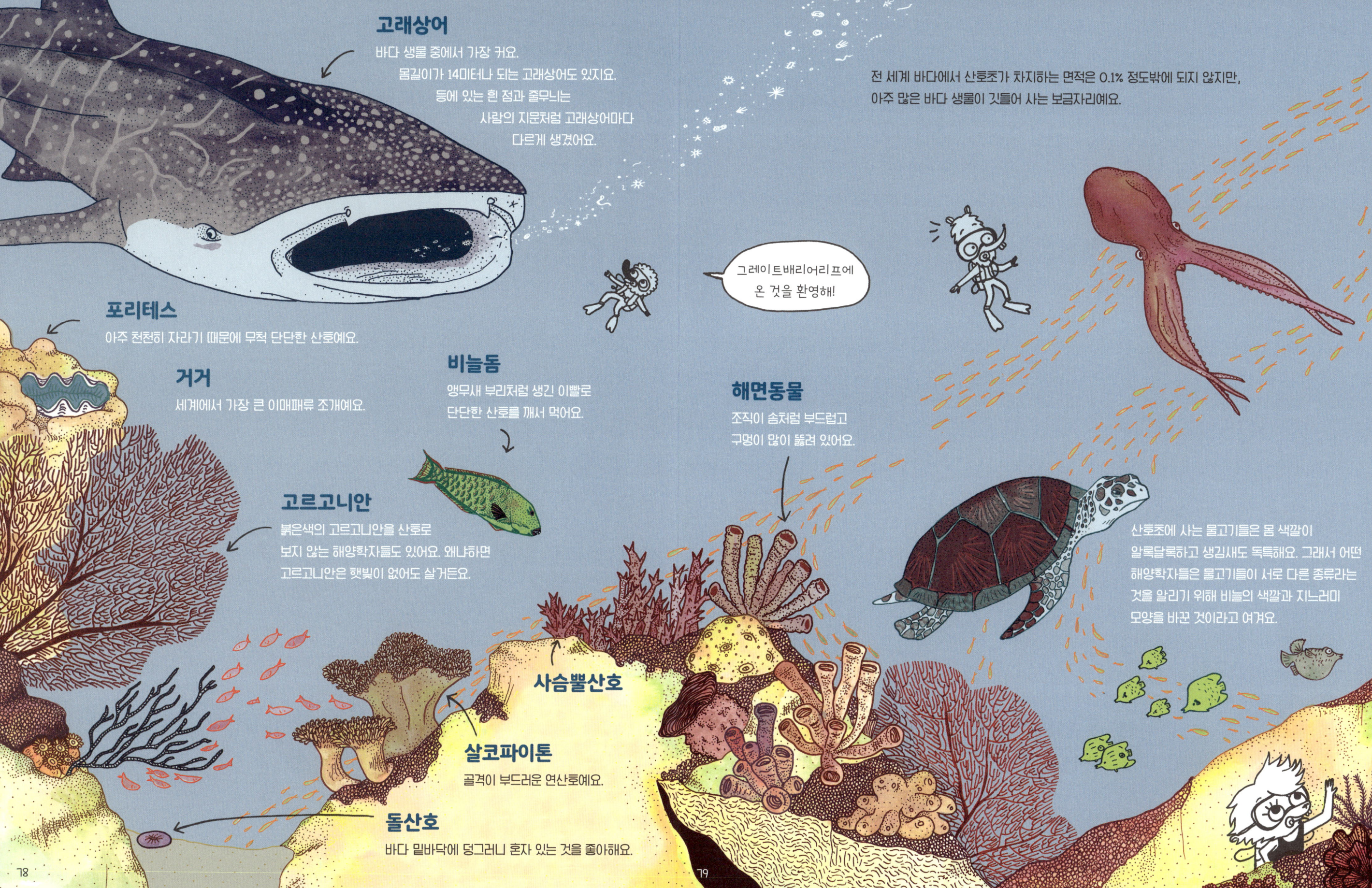

산호초

산호충이 모여서 덩어리가 된 것을 '산호'라고 해. 겉보기에 식물 같지만, 사실은 동물이야. '산호초'는 산호충의 분비물인 석회질이 쌓여서 만들어진 암초를 말해.

산호는 종류도 아주 많고 모양과 색깔도 제각각이에요. 골격이 부드러운 연산호, 접시 모양 산호, 뿔 모양 산호, 붉은색 산호, 푸른색 산호 등이 있어요.

- 사슴뿔산호
- 뇌산호
- 포리테스
- 살코파이톤

산호는 딱딱한 석회질 골격에 산호충들이 붙어 있는 형태인데, 밤이 되면 산호충들이 깨어나 동물 플랑크톤을 잡아먹지요.

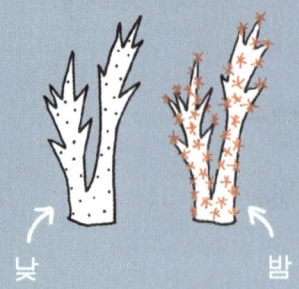

낮 / 밤

산호충

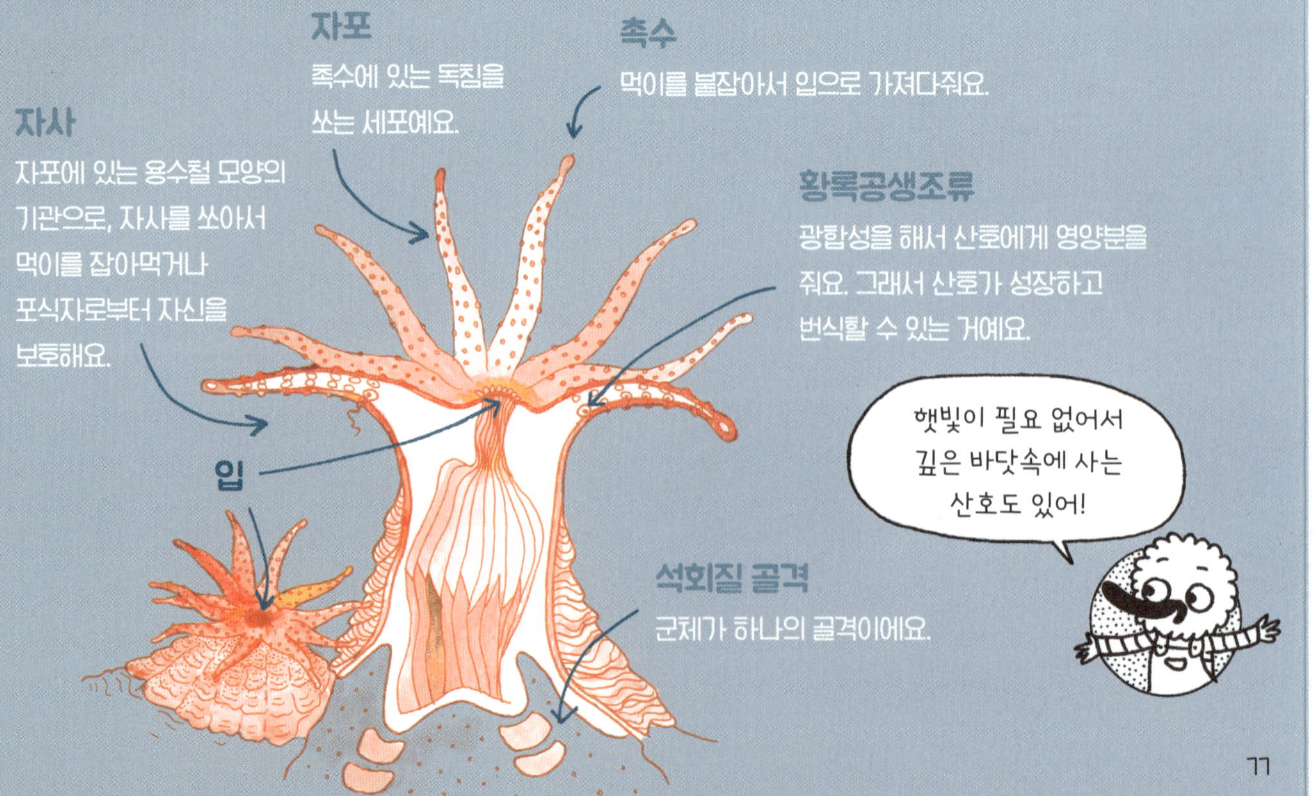

자사
자포에 있는 용수철 모양의 기관으로, 자사를 쏘아서 먹이를 잡아먹거나 포식자로부터 자신을 보호해요.

자포
촉수에 있는 독침을 쏘는 세포예요.

촉수
먹이를 붙잡아서 입으로 가져다줘요.

황록공생조류
광합성을 해서 산호에게 영양분을 줘요. 그래서 산호가 성장하고 번식할 수 있는 거예요.

입

석회질 골격
군체가 하나의 골격이에요.

햇빛이 필요 없어서 깊은 바닷속에 사는 산호도 있어!

- 그러니까 산호는 동물인 거네.
- 응. 그런데 지금은 멸종 위기에 처해 있어.
- 산호와 해조류는 매우 가까운 관계야.
- 그런데 산호가 겁을 먹고 함께 살던 해조류를 내쫓는 일이 늘고 있어.
- 산호는 해조류가 없으면 살 수가 없는데 말이야.
- 맞아. 산호는 죽으면 새하얗게 변하잖아.
- 산호가 자주 겁을 먹어?
- 응. 점점 그러고 있어.
- 환경 오염 때문에 지구 온난화가 심해지고 있으니까.
- 산호가 겁먹을 만해.

"게다가 바다 산성화로 바닷물이 식초처럼 산성으로 변하고 있으니까."

"산호의 골격이 분필 같은 석회질이라 괜찮지 않나?"

"분필도 식초에 넣으면 녹는다고!"

"그래서 해양학자들은 좀 더 튼튼한 산호를 번식시키려고 연구 중이야."

"산호를 살리려고?"

"응!"

"점점 사라져 가는 그레이트배리어리프를 살리려고."

유령 도시가 되지 않게 하려는 것이지.

12장 위장술의 달인들!

먹이 그물

바다 동물은 포식자이면서 동시에 먹잇감이 되기도 해. 이렇게 먹고 먹히는 관계를 '먹이 사슬'이라고 하고, 먹이 사슬이 그물처럼 복잡하게 이루어진 것을 '먹이 그물'이라고 하지.

식물 플랑크톤
바다 먹이 그물의 생산자예요.

동물 플랑크톤
주로 식물 플랑크톤을 먹고 살고, 더 큰 동물들에게 잡아먹혀요.

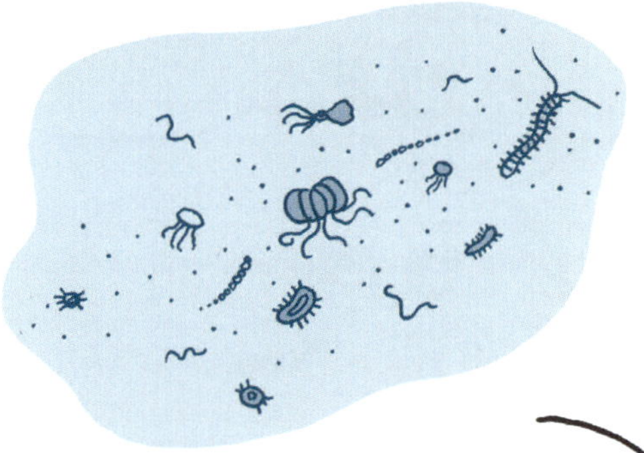

가장 큰 포식자도 먹이 그물에 영향을 줘요. 왜냐하면 모든 생명체가 그런 것처럼, 가장 큰 포식자도 죽으면 가장 작은 생명체의 먹이가 되거든요.

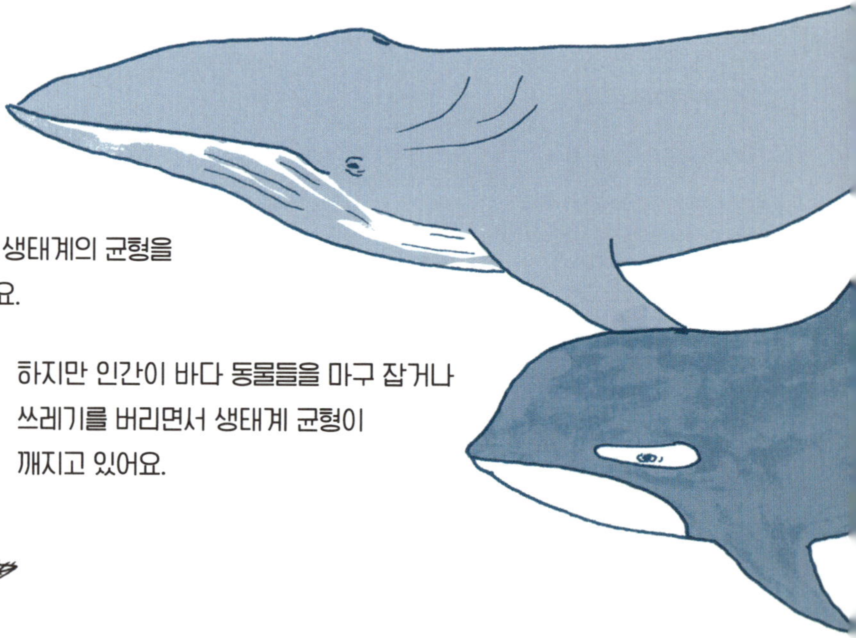

먹이 그물은 바다 생태계의 균형을 이루는 데 중요해요.

하지만 인간이 바다 동물들을 마구 잡거나 쓰레기를 버리면서 생태계 균형이 깨지고 있어요.

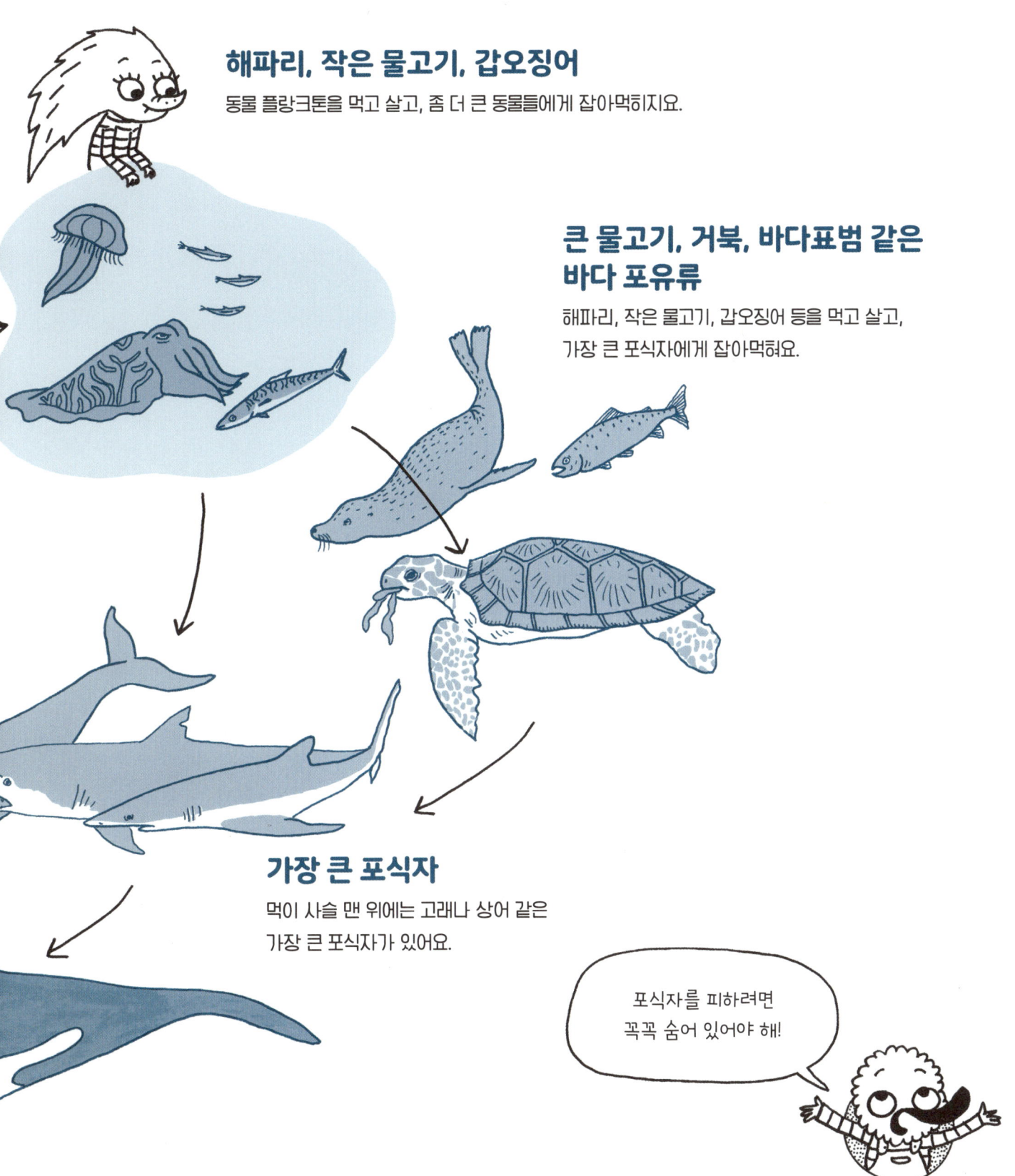

해파리, 작은 물고기, 갑오징어
동물 플랑크톤을 먹고 살고, 좀 더 큰 동물들에게 잡아먹히지요.

큰 물고기, 거북, 바다표범 같은 바다 포유류
해파리, 작은 물고기, 갑오징어 등을 먹고 살고, 가장 큰 포식자에게 잡아먹혀요.

가장 큰 포식자
먹이 사슬 맨 위에는 고래나 상어 같은 가장 큰 포식자가 있어요.

포식자를 피하려면 꼭꼭 숨어 있어야 해!

문어(혹은 낙지)

문어는 몸 표면에 있는 작은 '유두'를 이용해서 몸의 질감을 바꿔요.

유두가 오그라들면 몸 표면이 매끈해지고, 반대로 튀어나오면 우툴두툴해져요.

몸의 색도 자유자재로 바꿀 수 있어요. 몸 표면에 '크로마토포레스'라는 세포가 있는데, 그 안에 빨강, 검정, 노랑 색소 주머니를 가지고 있어요. 이 주머니를 부풀리거나 줄이면서 몸의 색을 바꾸지요.

포식자가 앞을 보지 못하게 먹물을 쏘기도 하지요.

문어 발에는 흔히 빨판이라고 하는 '흡반'이 있어서, 빈 조개껍데기를 가지고 다니며 숨을 수 있어요.

하지만 문어의 최고 무기는 뭐니 뭐니 해도 똑똑한 지능이에요. 뇌가 크기도 하고, 여덟 개의 발에는 신경 세포인 뉴런도 있으니까요.

문어 발과 얘기해 보고 싶어!

글쎄, 문어가 좋아할까?

13장 물고기는 왜 물에 안 뜰까요?

아르키메데스의 원리

물체를 물속에 넣으면 물체가 위로 뜨려고 하는 힘, 다시 말해 '부력'을 받게 돼.
그러니까 물체의 무게가 흘러넘친 물의 밀도보다 적으면 물에 뜰 수 있는 거지.

아르키메데스의 원리는 세 가지 사실에 달려 있어!

1. 물체의 무게

아주 정확한 무게!

2. 물체의 모양과 크기

물체의 면적이 넓을수록 부력을 받는 면적도 넓어져요.

3. 물의 무게

바닷물의 염분도 무게가 나가.

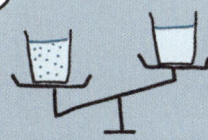

'사해'라는 호수는 바닷물보다 염분이 많아서 몸이 둥둥 잘 떠요.

염분이 있는 염수는 염분이 없는 담수보다 무겁지. 그래서 바닷물에서 우리 몸이 잘 뜨는 거야.

경골어류

경골어류의 종류는 굉장히 다양해요. 몸집이 아주 작거나 엄청 크고, 색깔이 눈에 띄거나 그렇지 않은 물고기들이 있지요.

복어

황새치

옆줄
모든 물고기가 가지고 있는 감각 기관이에요.
'측선'이라고도 하는데, 물의 진동과 흐름,
수압까지 느낄 수 있어요.

배주름쥐치

비상쏠배감펭

해마
몸길이가 2~30센티미터 정도 되는
아주 작은 물고기예요.

뛰어난 위장술을 가지고 있는
해마도 있어요.
나뭇잎해룡은 몸은 해마 같고,
지느러미는 해조류 같아서
주위에 있는 해조류와
구별이 안 돼요.

바로 개복치야!

개복치는 경골어류 중에서 몸무게가 가장 많이 나가는 물고기예요.

새끼 개복치는 손에 잡힐 정도로 작아요.

하지만 어른이 되면 몸길이가 3미터, 몸무게는 1,000킬로그램이 넘게 나가요. 왜냐하면 개복치는 평생 자라기 때문이에요.

굉장히 느리게 헤엄치며 가끔 해수면에 옆으로 누워 둥둥 떠 있기도 해요.

개복치는 꼬리지느러미가 없어요.

개복치는 피부가 꼭 달 표면 같아. 달 위에 바다가 있는 것도 같고, 바닷속에 달이 뜬 것도 같아!

자, 내일이 캠핑 마지막 날이야. 이제 자러 가자!

14장 물고기는 왜 떼를 지어 헤엄칠까요?

잘 잤어?

물고기 떼 헤엄

장난치는 게 아니야. 떼를 지어 헤엄치면 작고 연약한 물고기들끼리 서로서로 지킬 수 있어!

맨 가장자리에 있는 물고기들만 잡아먹힐 위험이 있지요.

상어, 돌고래, 갈매기 같은 포식자들은 작은 물고기를
잡아먹기 위해 물고기 떼를 흩어지게 하려고 해요.

날치

이름처럼 '날아오르는 물고기'예요.
하지만 새처럼 날아다니는 것은 아니에요.
위협을 느끼면 물 밖으로 튀어나와 커다란
가슴지느러미를 활짝 펴고 활강하는데,
그 모습이 마치 나는 것처럼 보이지요.
20미터까지 이동할 수 있어요.

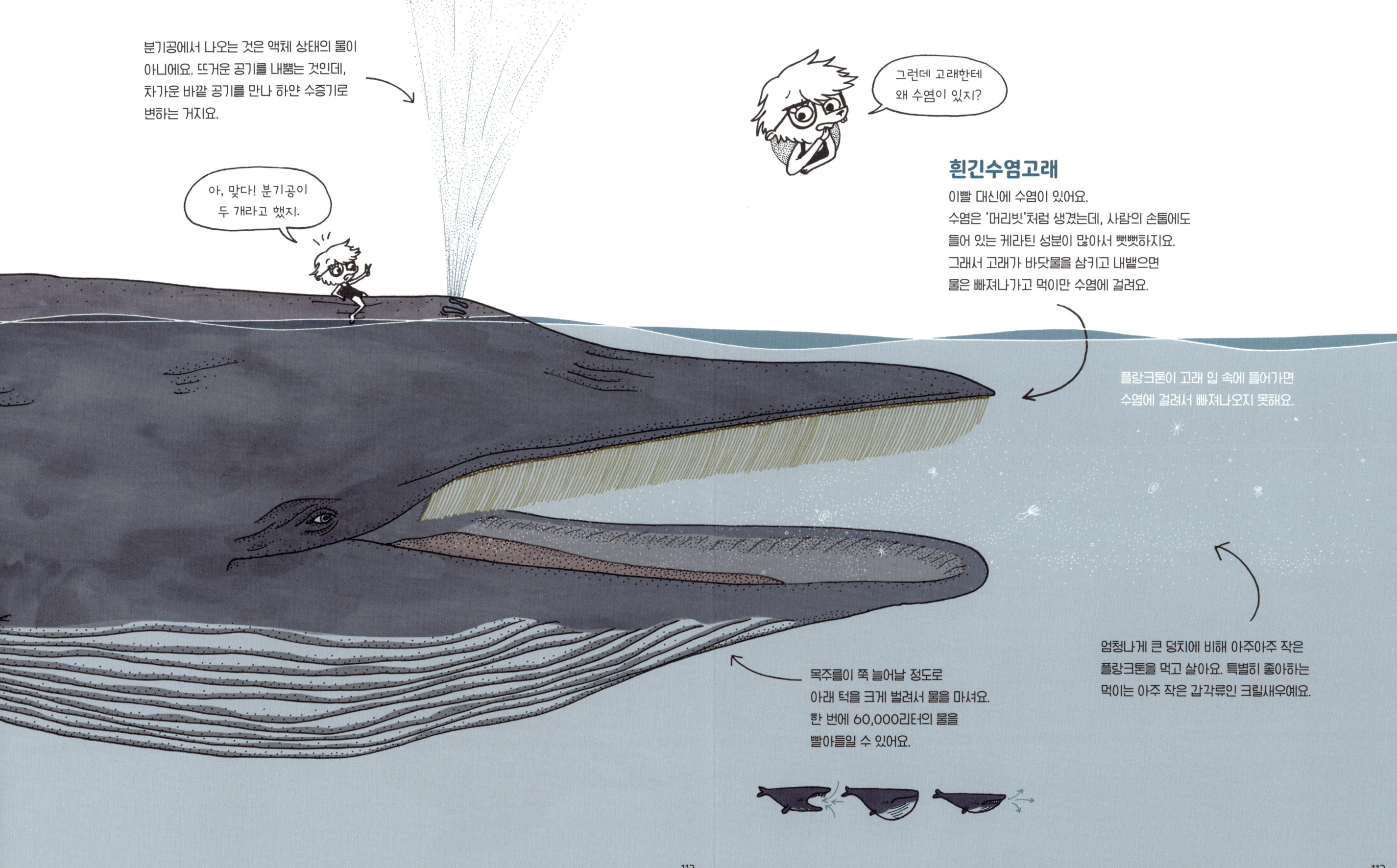

2. 숨

고래는 콧구멍이 머리 위에 있어. 숨을 쉬기 위해 물 밖으로 콧구멍을 내밀어야 하거든. 고래의 콧구멍을 '분기공'이라고 해.
수염고래는 분기공이 두 개이고, 이빨고래는 분기공이 한 개야!

이빨고래

날카로운 이빨을 가진 무시무시한 포식자로, 수염고래보다 종류가 훨씬 더 많아요. 머리에 '멜론'이라는 노란색 지방으로 채워진 주머니가 있는데, 이빨고래 중에서도 향유고래의 멜론이 어마어마하게 커요.

돌고래

여러 종류가 있지만 대표적으로는 범고래, 거두고래, 큰돌고래가 있어요.

수염고래

모든 고래류는 바다에 사는 포유류예요. 수염고래는 종류가 아주 많은데,
그중에서 흰긴수염고래가 가장 유명해요.

흰긴수염고래의 몸길이는 30미터이고,
몸무게는 150,000킬로그램이에요.

흰긴수염고래 새끼는 몸무게가
2,000킬로그램이 넘어요.
갓 태어났어도 말이에요.

흰긴수염고래는 몸무게가 엄청나게 많이
나가도 물 밖으로 뛰어오를 수 있답니다.
해양학자들은 이것이 흰긴수염고래의
소통 방법이라고 주측하고 있어요.

흰긴수염고래는
지구상에 있는 동물 중에서
가장 큰 동물이야!

멸종된 공룡
디플로도쿠스보다
훨씬 커!

무엇보다 여전히
지구에 살잖아!

고래들은 노래로 대화하는데,
소리는 공기보다 물속에서 잘 퍼지기 때문에
수천 킬로미터 떨어진 곳까지 전달돼요.

15장 바다에 사는 포유류, 고래

고래류

고래는 하루에 수백 킬로미터를 이동해요. 고래류는 크게 이빨고래와 수염고래로 나눌 수 있지요. 예를 들어 돌고래가 이빨고래이고, 혹등고래가 수염고래예요.

어떤 고래인지 알아보는 방법은 여러 가지가 있어요.

1. 등지느러미

이빨고래는 등지느러미가 있는데, 고래마다 다 다르게 생겼어요.

딸깍 딸깍

쇠돌고랫과
이빨고래 중에서 몸집이 가장 작고,
부리가 없다는 특징을 가지고 있어요.
안경돌고래가 쇠돌고랫과예요.

← **안경돌고래**

향유고래
바닷속에서 한 시간 동안 숨을 쉬지 않고 있을 수 있어요.
고래 중에서 가장 오랫동안 잠수하지요.

멜론이 왜 있는지는 해양학자들도
몰라요. 물에 뜨려고 있는 걸까요?
아니면 먹이의 위치를 찾기 위해
있는 걸까요?

딸깍 딸깍 딸깍

머리는 크고 아래 턱은
가늘어서 알아보기
쉬워요.

↑ 향유고래는 몸길이가
20미터, 몸무게는
40,000킬로그램까지
나가요.

대왕오징어를 잡아먹기 위해
몸에 상처를 입을 만큼
거칠게 싸우기도 하지요.

딸깍 딸깍 딸깍 딸깍

«이 딸깍거리는 소리는 뭐야?»

흰고래
'벨루가'라고도 하는데, 태어날 때는
몸의 색깔이 밤회색이에요.
자라면서 흰색이 되지요.

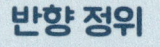

16장 바다의 인어, 바다소

바다소

조식성 바다 포유류로, 바닷가 가까이에서 평화롭게 해조류를 뜯어 먹고 살아요. 왜냐하면 잠수를 못하거든요.
바다소는 크게 세 종류가 있는데, 기각류와 헷갈리면 안 돼요.

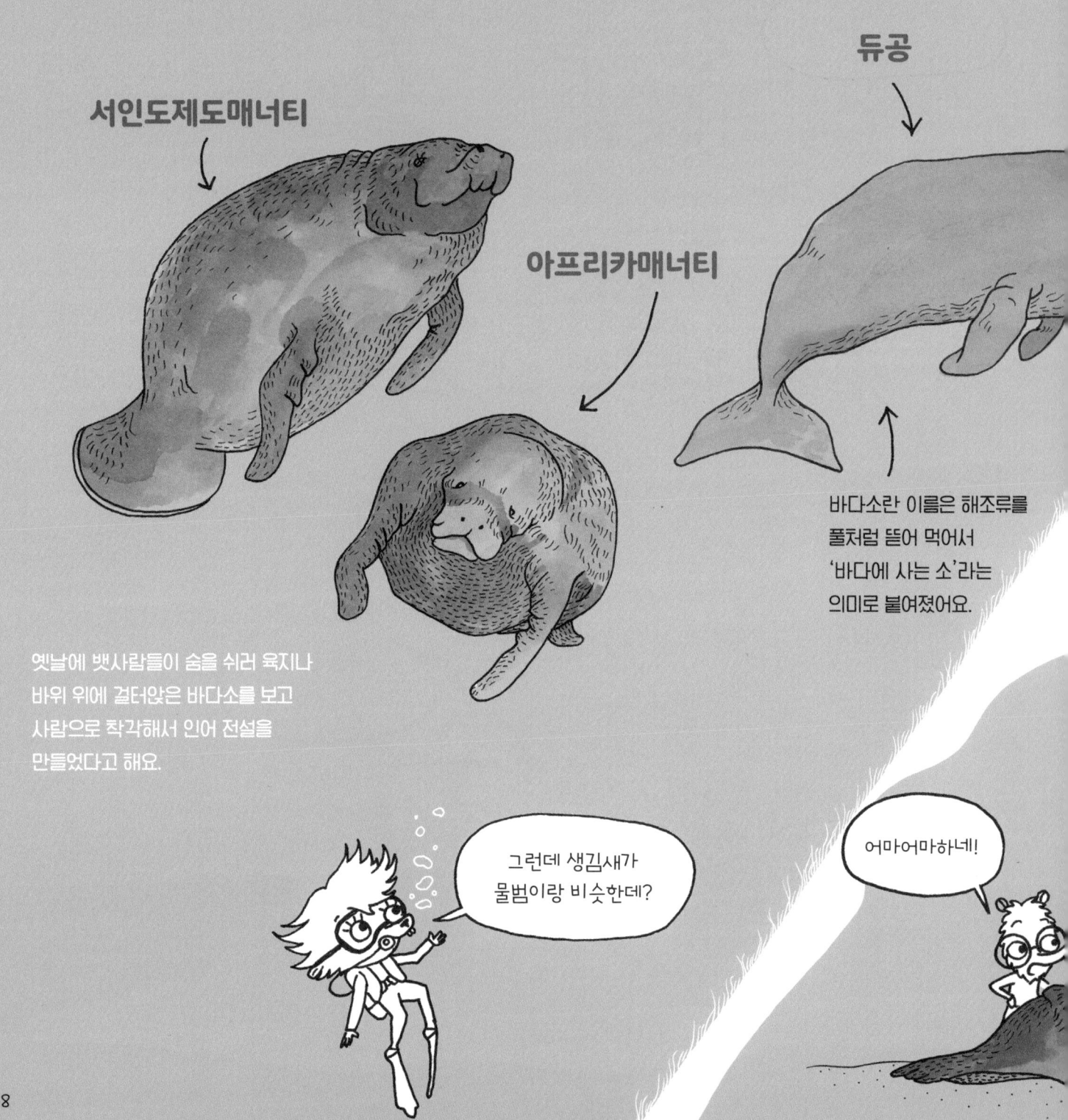

서인도제도매너티

아프리카매너티

듀공

바다소란 이름은 해조류를 풀처럼 뜯어 먹어서 '바다에 사는 소'라는 의미로 붙여졌어요.

옛날에 뱃사람들이 숨을 쉬러 육지나 바위 위에 걸터앉은 바다소를 보고 사람으로 착각해서 인어 전설을 만들었다고 해요.

그런데 생김새가 물범이랑 비슷한데?

어마어마하네!

기각류

지느러미처럼 생긴 발로 바닥을 기어다니는 육식성 바다 포유류예요.

"물개, 물범, 바다코끼리는 기각류야."

물개

귀가 있는 기각류를 통틀어서 부르는 이름이에요. 귓바퀴가 잘 보이나요?

캘리포니아바다사자는 뒷발로 걸어 다닐 수 있어요.

"몸이 엄청 유연하네!"

긴 앞발로는 몸을 세우거나 수영할 수 있지요.

캘리포니아바다사자

큰바다사자

물범

물범의 종류는 아주 많고 다양해요.

귓바퀴는 없고 귓구멍만 있어요.

물 밖에서는 몸을 일으키기 힘들어요.

물속에서는 뒷발을 사용해서 헤엄을 쳐요.

아기 물범은 예쁜 하얀 털을 가지고 있어요.

바다코끼리

몸무게가 2,000킬로그램까지 나가요.

바다코끼리는 딱 한 종류예요.

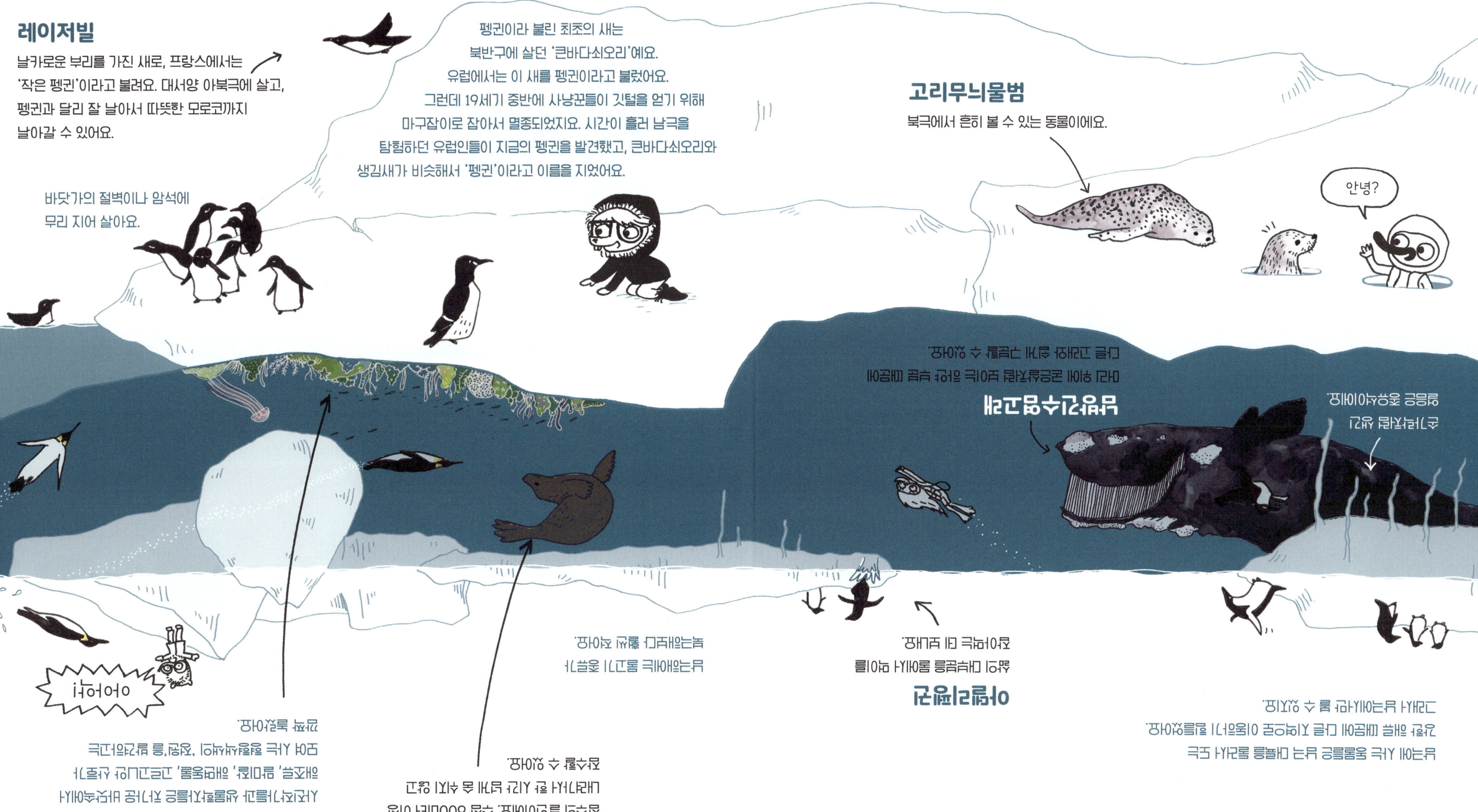

때로 대륙 빙하에서 조각들이 떨어져 나와 빙산이 되기도 해요.
그래서 빙산에도 담수가 들어 있는 거예요.

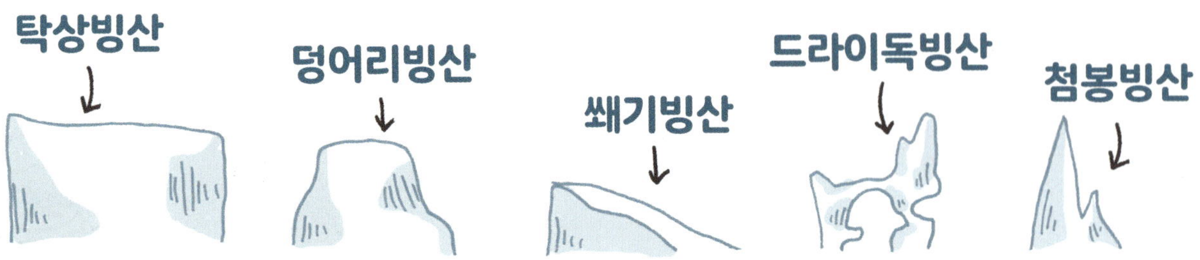

탁상빙산 ↓ **덩어리빙산** ↓ **쐐기빙산** ↓ **드라이독빙산** ↓ **첨봉빙산** ↓

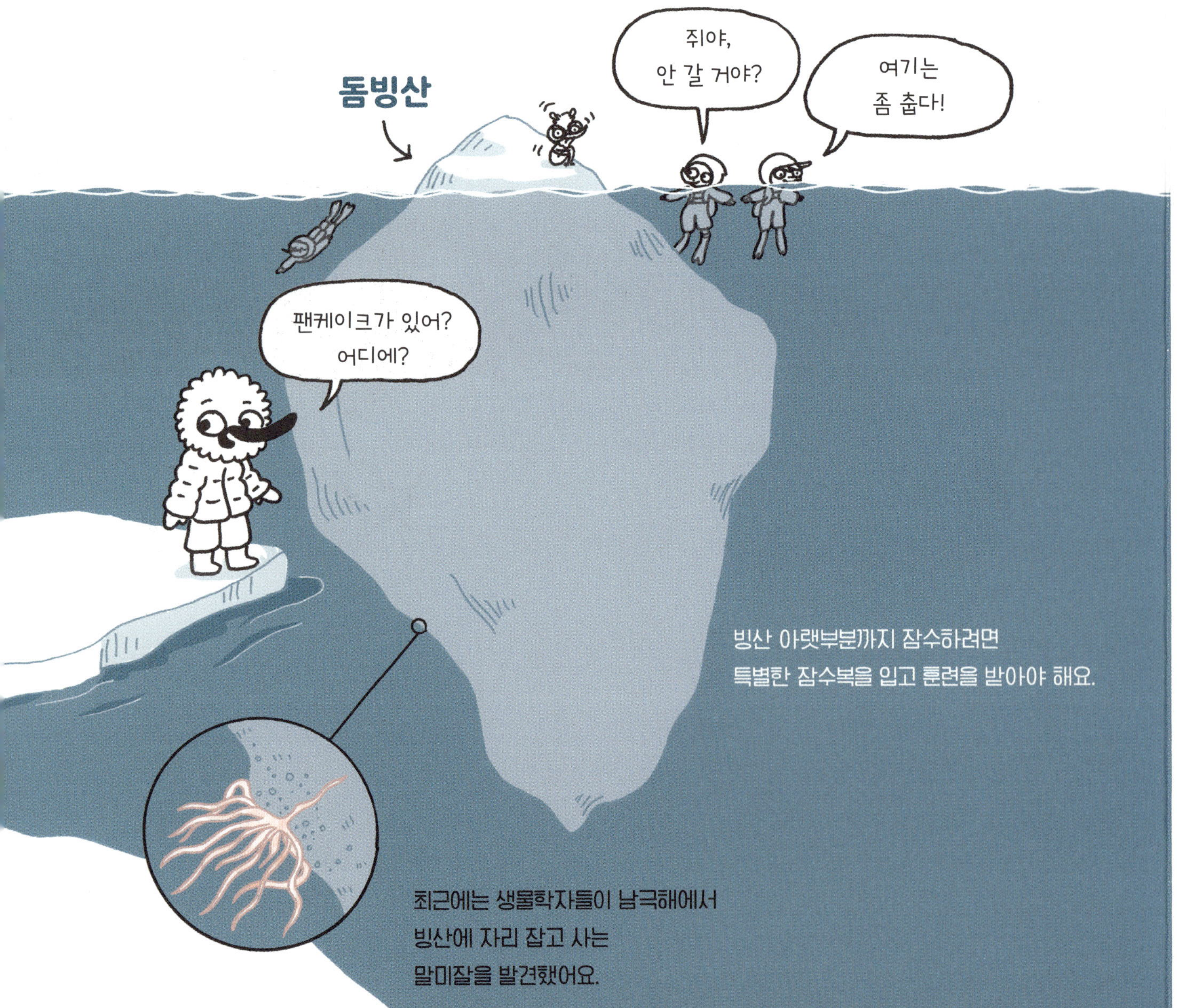

돔빙산 ↓

쥐야, 안 갈 거야?

여기는 좀 춥다!

팬케이크가 있어? 어디에?

빙산 아랫부분까지 잠수하려면 특별한 잠수복을 입고 훈련을 받아야 해요.

최근에는 생물학자들이 남극해에서 빙산에 자리 잡고 사는 말미잘을 발견했어요.

너희 소행성대에 펭귄이 있는 거 알아?

뭐?

말도 안 돼!

왜 말이 안 돼? 소행성 6790 이름이 펭귄이잖아!*

그러면 남극에 사는 펭귄도 있어?

하하!

남극에 사는 펭귄은 날지 못하잖아!

*여기에서 말하는 펭귄은 유럽에서 '펭귄'이라고 부르던 큰바다쇠오리예요.

남극에 사는 펭귄 별도 있을까?

그래도 바다가 우주보다 신비로워.

뭐라고?

우주야말로 무한하고 신비로운 미지의 세계야. 공상 과학이지!

넌 심해에 대해 들어 본 적 없니?

17장 아주 추운 극지방의 바다

북극해와 남극해

북극해는 북극을 중심으로 유라시아 대륙과 북아메리카 대륙에 둘러싸여 있고, 남극해는 남극 대륙을 둘러싸고 있어요. 바닷물이 엄청나게 차갑지요.

빙산

물 위에 떠 있는 얼음덩어리예요. 빙산에는 두 종류가 있어요.

대륙 빙하 (빙상)

그린란드와 남극 대륙에는 담수로 된 빙하가 대륙을 덮고 있어요. 이처럼 대륙을 50,000제곱킬로미터 이상 덮고 있으면 '대륙 빙하' 혹은 '빙상'이라고 불러요.

18장 깊이깊이 심해 속으로

해양학자들은 우주에 있는 인공위성을 이용해 해저 지도를 그렸어요.
그래서 깊은 바닷속에도 산맥, 화산, 골짜기가 있다는 것을 알게 되었지요.

심해는 보통 수심 200미터 이상인 깊은 바다를 말해요. 그런데 해양학자들은 햇빛이 들지 않고 완전히 깜깜한 수심 2,000미터 이상을 심해라고 보고 있어요.

어…, 이건 뭐야?

대륙붕

바다의 평균 수심은 3,400미터예요. 반면에 대륙의 평균 고도는 840미터지요.

바다 밑에 있는 산을 '해저산'이라고 해요. 해저산 중에는 너무 높아서 봉우리가 물 밖으로 나오기도 하는데, 그러면 '섬'이 되지요.

열수 분출공

황을 포함한 광물, 즉 황화물이 굴뚝 모양으로 겹겹이 쌓여 있어요.

1977년 미국의 해양학자 세 명이 믿기지 않는 발견을 했어요.
바로 열수 분출공이었지요.

심해 잠수정 '앨빈호'를 탄 해양학자들이
수심 2,500미터에서 처음 발견했어요.

더 놀라운 것은 열수 분출공 주변에
생명체가 산다는 사실이에요.

왜냐하면 열수 분출공에서
올라오는 뜨거운 물의 온도가
거의 400도가 넘기
때문이지요.

가장 높이 솟은 열수 분출공은
'포세이돈'이라고 불리는데,
높이가 무려 60미터예요.

설인게

2005년도에 처음 발견되었어요.
온몸이 하얗고 앞을 보지 못하는
갑각류예요.

이런 데 생명체가
산다니 믿기지 않아!

열수 분출공 주변에는 아주 다양한 생물들이 살고 있어요. 햇빛이 전혀 없기 때문에 광합성을 통해 영양분을 얻을 수 없지만, 열수 분출공에서 나오는 화학 에너지로 살아가고 있지요.

갈라파고스민고삐수염벌레
관벌레의 한 종류로 무리를 지어 살아요. 몸길이가 2미터나 되는 것도 있답니다.

이 벌레는 소화 기관이 없어서 먹지도 않고 똥도 안 싸!

심해등가시치
심해에 사는 물고기로, 바다의 밑바닥 진흙 속에 사는 작은 유기물을 먹고 살아요.

폼페이벌레
뜨거운 물이 나오는 열수 분출공에서 살아요.

외계 생명체들 같아!

그렇지만 공상 과학은 아니야.

그보다 훨씬 신기하지!

해저 탐사

심해는 수심이 깊어서 물의 압력이 엄청 높고, 햇빛이 한 줄기도 들어오지 않아서 몹시 어둡고 차가워요. 그렇기 때문에 심해를 탐사하는 일은 엄청난 도전이지요.

우주 탐험만큼이나 모험적이지!

더 얘기해 줘!

들어 봐.

1932년, 미국의 동물학자인 윌리엄 비브는 해저 동물을 연구하려고 기술자 오티스 바턴 박사와 함께 두꺼운 강철로 만든 공 모양의 '배시스피어' 잠수정을 발명했어요. 그들은 배에 굵은 강철 줄을 연결한 뒤 잠수정을 타고 수심 924미터까지 내려갔어요.

깊은 바닷속에서 엄청난 압력을 견디기에는 공 모양이 가장 좋아요. 수압이 동그란 표면에 거쳐 퍼지기 때문이지요.

1953년에 스위스 해양학자인 자크 피카르는 물리학자이자 자신의 아버지인 오귀스트 피카르가 발명한 심해 유인 잠수정 '트리에스테'를 타고 수심 3,150미터까지 내려갔어요.

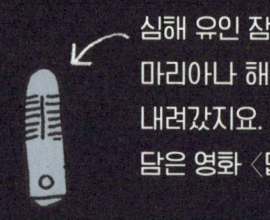
프랑스국립해양기 노틸

1954년 오귀스트 피카르가 발명한 심해 유인 잠수정 FNRS 3호는 수심 4,050미터까지 내려갔어요.

1960년대에 자크 피카르는 미 해군 돈 월시와 함께 심해 유인 잠수정 '트리에스테' 2호를 타고 마리아나 해구의 가장 깊은 심해, 수심 10,916미터에 있는 챌린저 해연까지 내려가는 잠수 기록을 세웠어요.

2012년, 미국의 영화감독 제임스 캐머런도 심해 유인 잠수정 '딥씨 챌린저'를 타고 마리아나 해구 수심 10,898미터까지 내려갔지요. 그는 2014년에 이 탐사 기록을 담은 영화 〈딥씨 챌린지〉를 발표했어요.

19장 무섭고 오싹한 심해 생물

삼천발이
불가사리의 친척뻘인 거대한 동물이에요.
수심이 아주 깊은 곳에서만 살 수 있어요.

볼록눈물고기
투명한 머리 안에 초록색 큰 눈이 들어 있는 물고기에요.
눈알을 이리저리 자유롭게 움직일 수 있지요.

쥐꼬리물고기

마귀상어
먹잇감을 발견하면
턱을 크게 벌려서 잡아먹어요.

바다돼지
해삼의 한 종류로, 심해 밑바닥 진흙에 살아요.
바닥에 쌓인 미생물을 잡아먹으면서
심해 밑바닥을 깨끗하게 하는 청소부에요.

혹등아귀
머리에 달린 촉수에서 빛으로 불빛을 내어
먹잇감을 유인한 다음 잡아먹어요.

뱀파이어오징어

남극하트지느러미오징어
수심 1,500미터에서 사진에 찍힌 적이 있기는 하지만,
몸길이가 18미터나 되는 이 거대한 오징어를
실제로 보는 것은 어려워요.

블로브피시
수압이 높은 심해에서 살기에 알맞은
말랑말랑 젤리 같은 몸을 가지고 있어요.
심해에서는 아주 평범하게 생긴 물고기이지만,
물 밖으로 나오면 흐물흐물 퍼져 버리지요.

2019년까지 심해 유인 잠수정을 직접 제작해서 가지고 있는 나라는 미국, 일본, 중국, 러시아, 프랑스예요.
우리나라는 심해 무인 잠수정 '해미래'를 보유하고 있어요.

노틸호
프랑스 국립해양개발연구소에서 심해 탐사용으로 만든 유인 잠수정이에요.

미국의 모험가 빅터 베스코보는 오대양의 가장 깊은 해구들을 연이어 다녀온 최초의 사람이에요.

2020년 중국의 심해 유인 잠수정 '펀더우저호'는 마리아나 해구에서 세계 최초로 생중계를 했어요.

최근 몇 년 사이에 심해 탐사는 눈부시게 발전했지요.

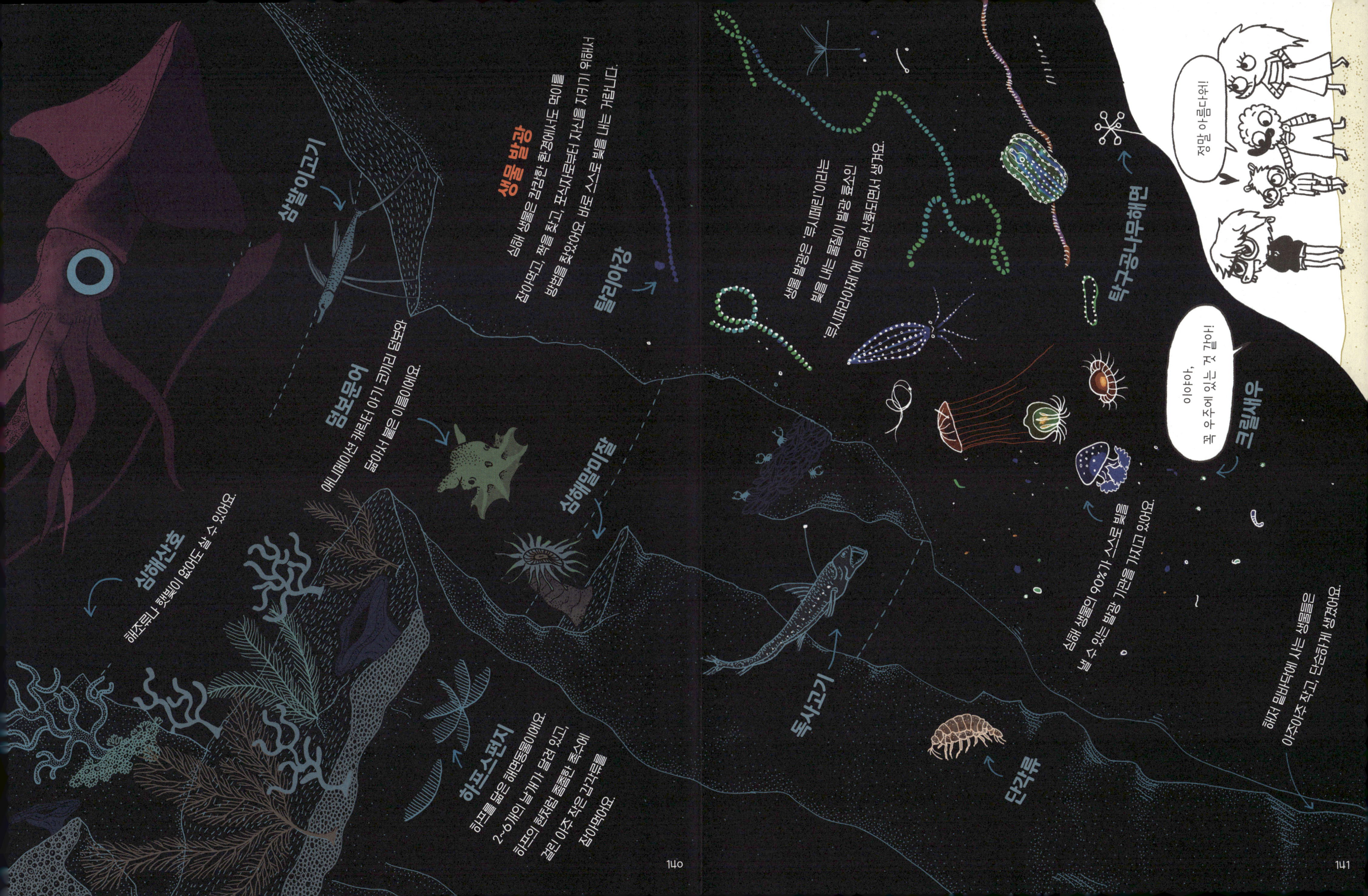

수심 200~1,000미터에서는 어둡지만 아직 희미하게 빛이 들어와. 이곳을 '중해수층'이라고 불러.

수심 1,000미터부터는 어떤 빛도 전혀 들어오지 않아. 여기서부터 수심 4,000미터까지 '점심해수층'이라고 해.

수심 4,000미터 이상은 '심해수층'이라고 해.

그러면 해구는?

해구는 수심이 6,000미터 이상으로, '초심해수층'이라고 해!

여기에는 아무것도 없어.

봐 봐!

저기 봐! 죽은 고래의 뼈가 있어.

이제 내 차례야!

내가 말했잖아. 잠수정은 3인용이라고.

아! 드디어 생명체가 좀 보이네.

그런데 바다는 왜 파란색이야?

맞아, 유리컵에 있는 물은 투명하잖아.

햇빛 때문이야. 바다도 하늘처럼 빛의 산란이 잘되거든.

산란은 빛이 물체와 부딪혀 여러 방향으로 흩어지는 거야. 파장이 긴 붉은색은 물속에 흡수되고, 파장이 짧은 파란색은 물 위에서 산란돼 우리 눈에 들어오기 때문에 파랗게 보이는 거야.

20장 바다를 지켜요

바다 쓰레기

인간이 생활하다 보면 쓰레기가 생겨요.
쓰레기는 더 이상 쓸모가 없어서 버리는 물건들을 통틀어서 말해요.
금속, 천, 유리, 플라스틱 같은 쓰레기가 있고, 액체류 쓰레기도 있지요.

실제로 포장지, 빨대, 캔과 같은 일회용 쓰레기가 많아요.

쓰레기 수거차 한 대 분량의 쓰레기가
1분마다 바다에 버려지고 있어.

세상에서 가장 많이 쓰고 버리는 쓰레기는 플라스틱이야!
플라스틱은 자연에서 썩어 없어지는 시간도 가장 길어.
100년에서 1,000년까지 걸리거든.

큰 덩어리, 작은 조각, 아주 작은 입자의
플라스틱 쓰레기가 바다 곳곳에 있어!

아휴, 더러워!

대체 어쩌자고 여기에 버리는 거야?

왜 바닷가에 쓰레기가 다 모여 있어?

바닷가에 있다고 해서 모두 바다에다 버린 쓰레기는 아니에요.

육지에서 올 수도 있지.

지구상에서 쓰레기를 만드는 것은 인간밖에 없어요. 쓰레기를 너무 많이 버려서 어떻게 처리할지도 모를 정도예요.

쓰레기가 분해되는 시간

껌 → 5년
알루미늄 캔 → 80~100년
주스팩 → 100년
페트병 → 450년
비닐봉지 → 400년
플라스틱 과일주스 병 → 400~1,000년

쓰레기를 줄이기 위해서는 천 가방과 개인 물병을 쓰는 게 좋아.

환류

대양에서 소용돌이치듯 빙빙 도는 해류예요.
그런데 환류 지역에 플라스틱 쓰레기가 점점 쌓이고 있어요.

쓰레기가 모인 곳을 '쓰레기 섬'이라고 해요.
쓰레기 섬 중에서도 북태평양 아열대 환류가 만든
'태평양 거대 쓰레기 지대'가 가장 큰데,
이 섬의 크기가 우리나라 국토 면적의 16배라고 해요.
그중 90%가 썩지 않는 비닐과 플라스틱이에요.

쓰레기는 해류를 타고 난바다까지 와요.

섬이라고? 안 보이는데?

해수면 아래에 있어.

대부분 0.5센티미터 미만인 미세 플라스틱이에요. 미세 플라스틱은 썩지 않고, 녹지도 않는답니다.

집으로 돌아가며

게, 식물 플랑크톤, 해파리, 해조류, 조개, 상어, 산호, 붉은부리갈매기, 불가사리, 물고기, 말미잘, 해면동물, 문어, 수염고래, 이빨고래, 바다소, 기각류, 레이저빌, 펭귄, 바다코끼리, 남극하트지느러미오징어, 희한하게 생긴 심해 생물…. 더 있는데, 그새 까먹었네. 아무튼 이 모든 바다 생물을 합친 것보다 플라스틱 쓰레기가 더 많아진다는 말이지?

응. 플라스틱 쓰레기가 많아질수록 바다 생물이 살 곳이 줄어들지….

나에게 맞는 방법을 찾아 보아요!

마음이 여린 유형

비버와 같은 유형이군요. 이 모든 사실을 알고 나니 마음이 뜨끔하기도 하고, 좀 슬프기도 할 거예요. 뭐라도 돕고 싶은데 어디서부터 시작해야 할지 몰라 막막하고 속상할 수 있어요. 하지만 괜찮아요, 그 마음이 중요하답니다! 작은 일이라도 실천에 옮기는 게 중요하다는 사실을 잊지 마세요.

이미 실천하고 있는 사람들에게 어디서부터 어떻게 시작하면 좋을지 물어봐!

하나씩 차근차근하면 돼! 그러면 좀 더 쉬워 보일 거야.

행동으로 옮길 생각을 한 것만으로 이미 멋진걸!

우리는 모두 달라. 각자의 속도대로 하면 돼!

숨을 쉬어 봐!

마음을 편하게 가져. 너만이 할 수 있는 일을 찾게 될 거야!

매우 적극적인 유형

오리너구리와 같은 유형이군요. 동물을 사랑하기 때문에 지구를 지키고 싶은가요? 이것저것 해 보고 싶은 것이 참 많을 거예요. 하나씩 차근차근 실행해 보세요. 많이 경험할수록 자신이 할 수 있는 것과 할 수 없는 것을 알게 될 거예요.

개인 물병을 사용하고, 친구들과 함께 쓰레기를 치워 봐!

이동할 때는 되도록 자전거를 타거나 걸어가자!

쓰레기 분리수거 방법을 배워 봐!

아이스크림은 콘으로 먹어!

생일 파티 때 일회용 플라스틱 용품을 쓰지 말고, 선물은 포장지로 싸지 마!

가족과 함께 집에 퇴비 통을 만들어서 음식물 쓰레기를 줄여 봐!

슈퍼히어로는 자전거를 타고 다녀!

아는 것이 많은 유형

가시두더지와 같은 유형이군요. 이미 개인 물병을 들고 다니고, 집에서는 쓰레기 분리수거를 척척 잘하지요? 가게에서는 "비닐봉지는 안 주셔도 돼요!"라고 말할 줄도 알고, 옷과 장난감은 중고 가게에서 사는 습관을 가지고 있지요? 정말 훌륭해요. 그렇게 계속하세요!

'제로 웨이스트'라는 말을 아니? 쓰레기를 제로(0)로 만들자는 말인데, 우리 주변에도 쓰레기를 줄이기 위해서 포장 없이 물건만 파는 제로 웨이스트 가게가 있어!

말로 하기보다 행동으로 보여 주는 편이 훨씬 좋아!

천 가방을 사용하는 것도 잊지 마!

쓰레기 제로가 목표야!

각자의 속도가 있어. 주위 사람들을 보면서 왜 나처럼 하지 못하는지 투덜대지 말고 인내심을 가져 봐!

스스로를 돌아보는 것을 잊지 마!

호기심이 많은 유형

쥐와 같은 유형이군요. 이 모든 이야기가 참 새롭지요? 궁금한 것도 많고, 더 배우고 싶고, 자신이 어떻게 하면 좋을지 알고 싶을 거예요. 아주 좋아요! 그대로 쭉 가면 돼요!

보고 들은 대로 다 믿지는 마. 이리저리 좀 더 찾아보고 알아봐. 요모조모 관찰하고 깊이 생각해 봐!

새롭게 알게 된 내용은 친구들과 나눠 보자!

궁금한 것들은 책이나 자료를 찾아 읽거나, 부모님이나 학교 선생님, 아쿠아리움이나 자연 과학 박물관에서 일하시는 선생님들께 물어봐!

이제 깨달았으면 일상 생활에서 할 수 있는 것을 실천해 봐!

호기심은 아주 좋은 장점이야!

작가의 말

이 책을 쓰고 그리기 시작할 때는 제 삶의 방식과 사물을 바라보는 눈이 이렇게 많이 바뀌리라고는 생각도 하지 못했어요. 저는 원래 바다와 항해를 그다지 좋아하지 않았어요. 스킨 스쿠버 다이빙은 해 본 적도 없고, 이 책의 주인공들처럼 바다를 체험할 기회도 없었어요.

사실 바다는 관심 밖이었어요. 아주 오랫동안 어류 공포증이 있었거든요. 물고기와 비슷한 것만 봐도 소스라쳤지요. 텔레비전이나 책에서 바닷속 이미지가 조금이라도 나오면 눈을 감아 버렸어요. 물고기가 나올까 봐요…. 아쿠아리움에 가거나 물 위로 뛰어오르는 물고기를 볼 수 있는 바다에서 수영하는 것은 극복하기 힘든 일이었지요.

하지만 저는 두려움을 극복해 보기로 결심하고, 바다와 관련된 책을 읽기도 하고 다큐멘터리 영상을 찾아서 보기도 했어요. 바다의 기능과 바다 생물의 삶을 알아보려고 노력했지요. 그 결과, 바다는 제 삶의 일부가 되었어요. 해저, 산호초, 말미잘, 물개, 심지어 물고기까지 그리게 되었으니까요. 어류 공포증도 서서히 사라졌어요.

우주를 좋아하는 저로서는 또 다른 세계를 발견한 셈이었어요. 바다는 육지와 다른 물리 법칙이 지배하는 또 다른 행성 같았지요. 해수면이 마치 경계선 같고, 경계선 너머로 또 다른 우주가 펼쳐지니까요. 바다 생물들은 하나같이 놀랍거나 흥미로웠고, 때로는 외계 생명체처럼 보일 정도로 신기했어요.

바다는 우주보다 훨씬 더 크고 넓게 느껴졌어요. 믿기지 않을 만큼 다양한 동식물이 사니까요. 이 정도로 풍부할 줄 몰랐어요. 각 장이 모여 책 한 권이 될 수 있겠다는 생각이 들어 바다와 바다 생물을 전체적으로 담되, 그 다양성과 풍경을 풍부하게 보여 줄 수 있는 방향으로 그림을 그렸어요.

배움에 대한 열망과 호기심은 아름다움과 경이로움에서 자극받는다고 생각해요. 바다의 아름다움을 보여 주고, 모든 것이 어떻게 연결되는지 깨닫는다면, 바다를 지킬 방법을 찾고 실천에 옮기고 싶은 마음이 들 거라고 확신했어요. 왜냐하면 이 책을 작업하면서 바다와 바다 생물이 멸종 위기에 처했다는 사실을 깨달았거든요. 그렇지만 어디서부터 도와야 할지 뾰족한 수가 떠오르지 않았어요. 그러다 깨달았어요. 제가 할 수 있는 아주 간단한 일부터 하면 된다는 것을요. 환경을 오염시키는 잘못된 생활 습관을 고치고, 제가 배운 사실을 주위에 알리는 것만으로도 바다와 제가 그토록 무서워했던 바다 동물을 지키는 일에 참여할 수 있다는 것을요.

- 가엘 알메라스

실제 바다 동물의 크기

바다 동물과 풍경의 크기 차이를 비율에 맞춰 그려서, 여러분이 바다 동물의 실제 크기를 느끼게 하고 싶었습니다. 그런데 안타깝게도 불가능하다는 걸 금방 깨달았습니다. 수심이 얕은 바다에 뛰어드는 등장인물을 그리다가도 다음 장에서는 우주만큼이나 광활하고 신비로운 심해를 그려야 하니까요.

저는 바다 동물들의 실제 크기를 보고 놀란 적이 종종 있습니다. 예를 들어 혹등아귀가 농구공만 한 크기라고 생각했는데, 실제로 보니 수컷은 골프공만 한 크기였고, 암컷은 좀 더 큰 어른 손에 잡힐 정도였어요. 또 심해를 그리는 데 난감했던 점은 이 책의 등장인물들을 0.5센티미터의 크기로 그리면, 마리아나 해구를 바닥까지 그리는데 33미터의 종이가 필요하다는 사실이었습니다.

그래서 이 책에서는 보여 줄 수 없지만, 여러분이 꼭 바다 동물의 실제 크기를 확인해 보면 좋겠습니다. 책, 인터넷을 찾아보거나, 아쿠아리움에 가거나, 아니면 직접 봐도 좋아요!

88~89쪽에 숨어 있는 바다 동물들을 다 찾았니?

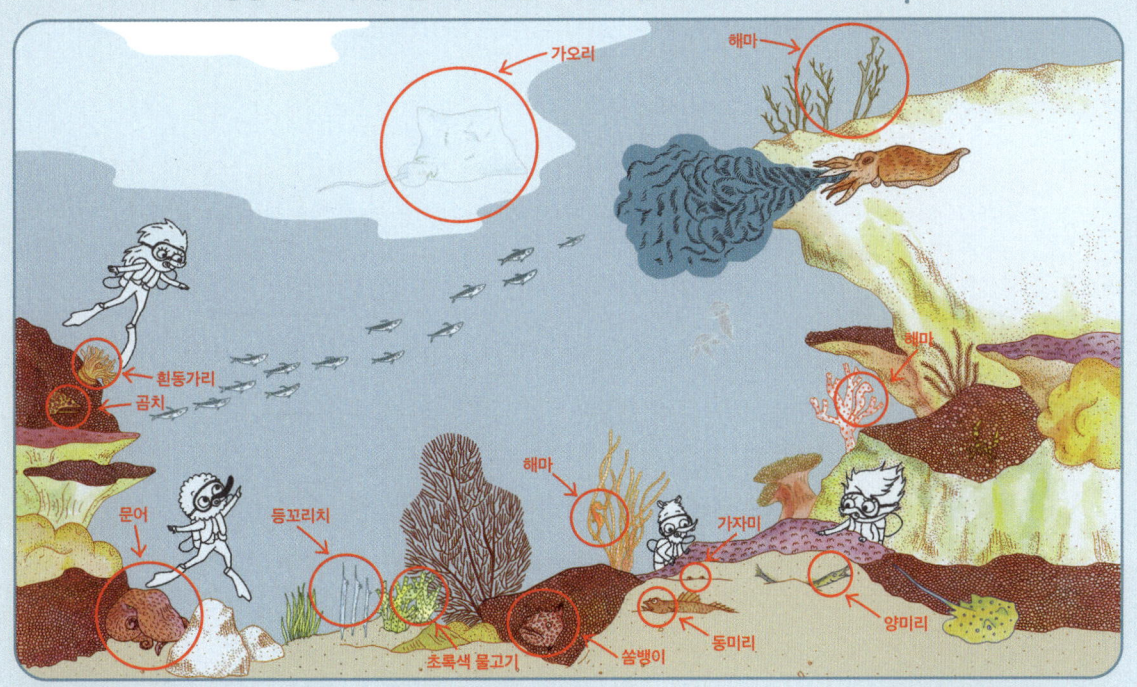

만화로 보는 바다의 모든 것
바다에서 보낸
어느 멋진 주말

초판 1쇄 발행 2023년 8월 1일
초판 2쇄 발행 2025년 5월 30일

글·그림 가엘 알메라스 **옮김** 이정주
펴낸이 김태헌 **총괄** 임규근 **책임편집** 전혜원 **기획편집** 정명순 **교정교열** 유혜림 **디자인** 조가을
영업 문윤식, 조유미 **마케팅** 신우섭, 손희정, 박수미, 송수현 **제작** 박성우, 김정우
펴낸곳 한빛에듀 **주소** 서울특별시 서대문구 연희로2길 62 한빛미디어(주) 실용출판부
전화 02-336-7129 **팩스** 02-325-6300
등록 2015년 11월 24일 제2015-000351호 **ISBN** 979-11-6921-124-6 (73450)

이 책에 대한 의견이나 오탈자 및 잘못된 내용에 대한 수정 정보는 한빛에듀의 홈페이지나 아래 이메일로
알려 주십시오. 잘못된 책은 구입하신 서점에서 교환해 드립니다. 책값은 뒤표지에 표시되어 있습니다.
한빛에듀 홈페이지 edu.hanbit.co.kr **이메일** edu@hanbit.co.kr

지금 하지 않으면 할 수 없는 일이 있습니다. 책으로 펴내고 싶은 아이디어나 원고를
메일(writer@hanbit.co.kr)로 보내 주세요. 한빛미디어(주)는 여러분의 소중한 경험과 지식을 기다리고 있습니다.

제품명 바다에서 보낸 어느 멋진 주말 **제조사명** 한빛미디어(주) **제조국** 대한민국 **전화번호** 02-336-7129
제조년월 2025년 5월 **대상연령** 8세 이상 **주소** 서울시 서대문구 연희로2길 62
주의사항 책의 모서리에 다치지 않게 주의하세요. KC마크는 이 제품이 공통안전기준에 적합하였음을 의미합니다.

차례

바다로 여행을 떠나요 ··· 5

1장 - 바다를 소개합니다 ·· 12

2장 - 생명의 시작, 바다 ··· 18

3장 - 돌고 도는 물의 순환 ··· 22

4장 - 바닷물의 흐름, 해류 ·· 27

5장 - 기후 변화 ··· 33

6장 - 해일과 파도는 왜 생길까요? ······························ 38

7장 - 해수면이 오르락내리락, 조석 ······························ 46

8장 - 바닷속에 식물이 산다고요? ······························· 53

9장 - 갯벌에는 어떤 동물들이 살까요? ······················· 59

10장 - 무시무시한 바다의 포식자 ································ 69

11장 - 바다의 열대 우림, 산호초 ································· 76

12장 - 위장술의 달인들! ·· 84

13장 - 물고기는 왜 물에 안 뜰까요? ···································· 91

14장 - 물고기는 왜 떼를 지어 헤엄칠까요? ························ 100

15장 - 바다에 사는 포유류, 고래 ······································ 107

16장 - 바다의 인어, 바다소 ·· 117

17장 - 아주 추운 극지방의 바다 ······································ 121

18장 - 깊이깊이 심해 속으로 ·· 130

19장 - 무섭고 오싹한 심해 생물 ······································ 138

20장 - 바다를 지켜요 ·· 142

집으로 돌아가며 ·· 153

여러분도 바다를 지키고 싶나요? ······································ 159

작가의 말 ·· 164

바다 동물 분류

지구에 있는 생물들의 종류는 굉장히 많아요. 그래서 생물학자들은 생물을 좀 더 쉽게 이해하기 위해서 공통점이 있는 것끼리 무리를 모아서 분류했어요. 바다 동물은 다음과 같이 분류할 수 있어요.

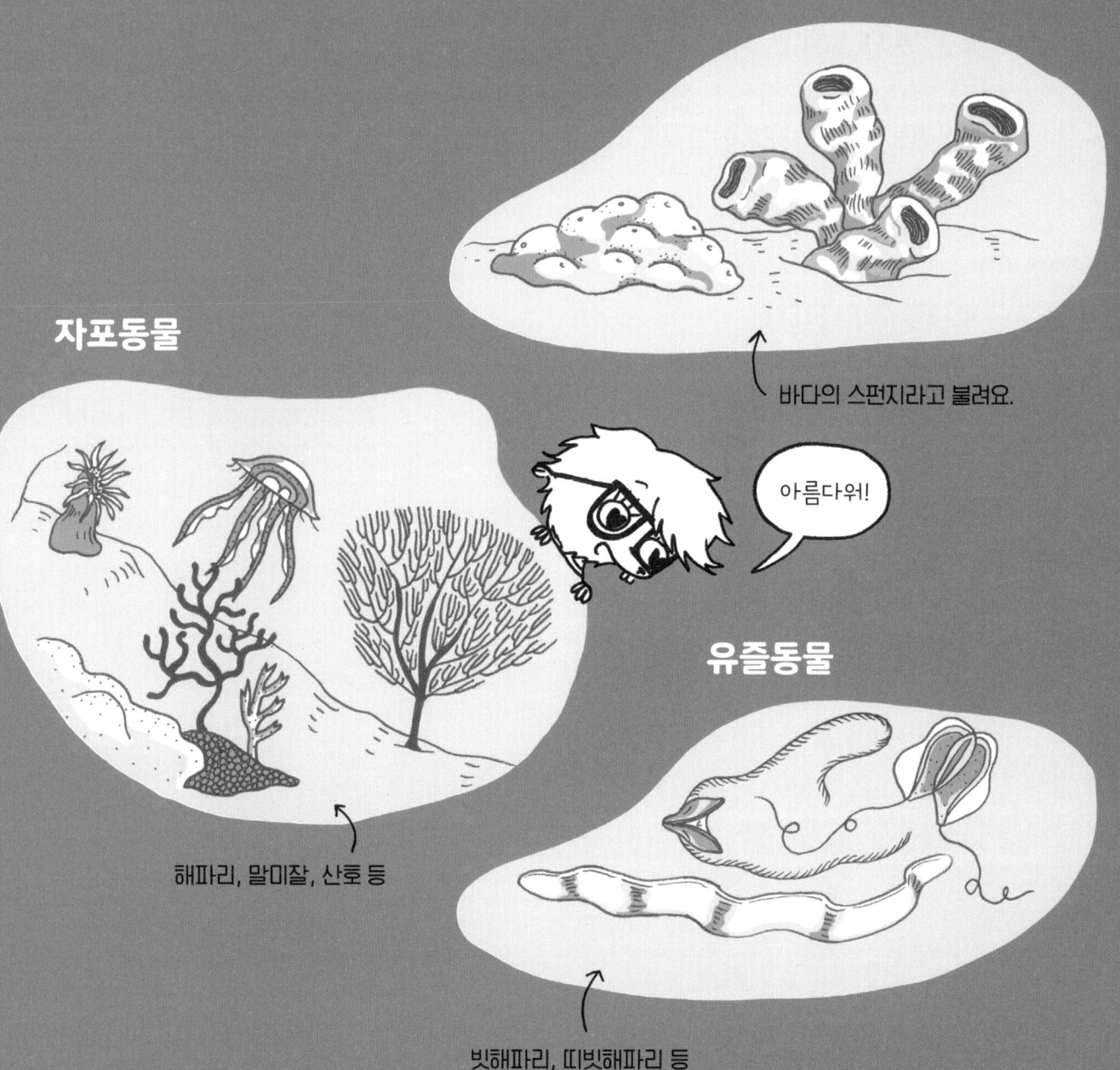

해면동물 — 바다의 스펀지라고 불려요.

아름다워!

자포동물 — 해파리, 말미잘, 산호 등

유즐동물 — 빗해파리, 띠빗해파리 등